子どもの学びが
深まる・広がる

通知表所見
文例集

小学校
高学年

評価実践研究会

［著］

JN097622

東洋館出版社

はじめに

　「生きる力」の育成を目指し、資質・能力を3つの柱で整理して社会に開かれた教育課程の実現に向けて改訂された『新学習指導要領』の完全実施に伴い、令和2年3月26日『「指導と評価の一体化」のための学習評価に関する参考資料』が提示されました。そこで、何回かの改訂を試みながら発刊してきました本書でありますが、今回は時間をかけて新しい3観点の研究を行い、若い教師からベテラン教師まであらゆる先生方に参考にしていただけるように全面改訂をいたしました。

　本シリーズを古くから「愛読書」として親しんできていただきました読者から「新しい単元に入る前には必ず本書を読み、『付けたい力』の参考にしていた」とのメッセージがあります。この話を聞き、感動したことを忘れません。このような読者の期待を裏切らないように、各教科の代表的な単元に合わせてできる限り具体的な表記になるように各執筆者が工夫を凝らしました。もちろん、各自治体で採用されている教科書によって教材が違いますので、その部分も加味して参考文例を考えました。

　かくして、「次の単元の押さえどころは?」というPlanに始まり、「授業!」Do、「日々の授業の中での評価!」Check、「授業改善に生かす!」Action、「記録をする!」Recordに活用できる文例集を目指して編集しました。学年に1冊ではなく、1人1冊を目指して全国の教師の愛読書となるべく研究を進めてきました。今回は、時代に合わせてCD-ROMもつきますが、そのままコピー&ペーストをするのではなく、細部にわたってはクラスの実態や子どもの実態に合わせて工夫をお願いしたいと思います。

　本書では、「指導と評価の一体化」を行うための具体を示しています。未来が全く予期できない世の中で「持続可能な開発のための教育(ESD)」の実現に向けて全力で子どもたちと立ち向かう先生方の少しでも力になればと、本書を刊行いたします。

　このような本書の意図が読者の皆様に受け入れられてgoods^{グッズ}として効用を与えることができるなら、編集者、著者ともに望外の喜びであります。本書の作成に当たり、東洋館出版社の近藤智昭氏、村田瑞記氏には編集者の視点に立って本書の質的向上に努めてくださいました。ここに紙面を借り心より謝意を表します。

令和2年6月

評価実践研究会

子どもの学びが深まる・広がる　通知表所見文例集［小学校高学年］　目次

新しい学習評価

1　評価規準の観点

　新学習指導要領では、各教科等の目標や内容を「知識及び技能」「思考力、判断力、表現力等」「学びに向かう力、人間性等」の資質・能力の3つの柱で整理しています。そのため、新学習指導要領の下での指導と評価の一体化を推進する観点から、観点別学習状況の評価の観点についても、これらの資質・能力に関わる「知識・技能」「思考・判断・表現」「主体的に学習に取り組む態度」の3観点に整理することとされました。

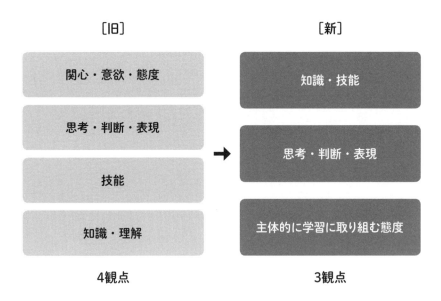

2　資質・能力の3つの柱をどのように評価するか

　「知識・技能」「思考・判断・表現」「主体的に学習に取り組む態度」を適切に評価していくためにも、今回示された学習評価についての基本的な構造を理解する必要があります。

図　各教科における評価の基本構造

各教科における評価は、学習指導要領に示す各教科の目標や内容に照らして学習状況を評価するもの（目標準拠評価）。
したがって、目標準拠評価は、集団内での相対的な位置付けを評価するいわゆる相対評価とは異なる。

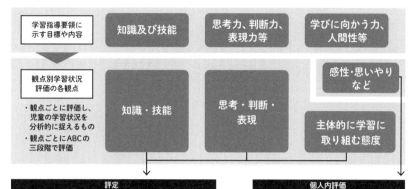

※外国語活動や総合的な学習（探究）の時間、特別の教科である道徳、特別活動についても、それぞれの特質に応じ適切に評価する。

　上の図は、「学習指導要領に示す目標や内容」と「観点別学習状況評価の各観点」の関係と、それをどのような形で評価するか（評定・個人内評価）を示しています。

　特に、「主体的に学習に取り組む態度」の観点について考える際には、まず、資質・能力の柱である「学びに向かう力、人間性等」との関係を読み解く必要があります。この点については、❶主体的に学習に取り組む態度として観点別学習状況の評価を通じて見取ることができる部分と、❷観点別学習状況の評価や評定にはなじまない部分があることに留意する必要があります。そのため、「主体的に学習に取り組む態度」は次のように評価していきます。

❶ 知識及び技能を獲得したり、思考力、判断力、表現力等を身に付けたりすることに向けた粘り強い取組の中で、自らの学習を調整しようとしているかどうかを含めて評価する。

❷ 評価や評定にはなじまない部分は、個人内評価（子ども1人1人のよい点や可能性、進歩の状況について評価するもの）等を通じて見取るべきで、特に「感性や思いやり」など子ども1人1人のよい点や可能性、進歩の状況などについては、積極的に評価し子どもに伝える。

通知表記入に当たっての留意点

1 他の子どもと比べた記入はNG。 その子の成長を記入する

所見は、個の成長を本人とその保護者に知らせるものです。また、どうしたら成長できるのかを、個に合わせて助言するものです。したがって、「～と比べて」「○○さんは～でしたが、□□さんは…」などの表現は、子どもの気持ちを落ち込ませてしまう場合があるので避けましょう。また、保護者の受け止めも非常に悪いものになるので注意しましょう。

2 子どもの様子を具体的に書こう！

通知表は、主に保護者が見て、子どもの様子を知るものです。できるだけ具体的に書き、時には保護者の協力を求めることも必要です。例えば、「かけ算の方法については分かっています。応用問題にも…」「歴史については理解が深まりました。さらに政治について…の指導をしてきました」「クロールが25m泳げるようになりました。平泳ぎも泳げるようにがんばっていました」というように記入すれば、その子が何を学習してきたのか、また何が足りなかったのかが分かるでしょう。

3 子どものよいところを書くようにしよう！

通知表を記入するに当たっては、どんな子どもでも、その子のよい面を探して書くことが大切です。子どもたちは、よい面を評価されたことで、教師を信頼するようになり、また、意欲的になっていきます。欠点を書くことが必要な場合もありますが、そのような折はどこかで必ずフォローするようにしましょう。

4 意欲の継続を褒めるようにしよう！

子どもを褒める文例を書く際は、素質などよりも、意欲の継続を褒めるようにしましょう。そのため、日々の授業では、子どもが自らの理解の状況を振り返ることができるような発問の工夫をしたり、自らの考えを記述したり話し合ったりする場面、他者との協働を通じて自らの考えを相対化する場面を、単元や題材などの内容のまとまりの中で設けたりするなど、「主体的・対話的で深い学び」の視点からの授業改善を図る中で、自らの学習を調整しようとしたり、粘り強く取り組んでいる様子を適切に評価できるようにしていくことが重要です。

5 保護者に信頼される通知表を！

保護者は通知表を通して、子どもの学校生活の様子を知ることになります。そのため、子どもの人格や家庭環境などにはふれず、子どもたちを励まし、今学期、何をどれだけがんばってきたのかを示し、保護者の信頼を得る文章を心がけましょう。

I 章

学校生活の様子
〈指導要録の項目別〉

◎　よくできる子に対する文例

○　おおむねできる子に対する文例

△　もう少しの子に対する文例

学校生活の様子

指導要録の観点とその趣旨	
観点	趣旨
❶基本的な生活習慣	●自他の安全に努め、礼儀正しく行動し、節度を守り節制に心掛ける。
❷健康・体力の向上	●心身の健康の保持増進と体力の向上に努め、元気に生活をする。
❸自主・自律	●夢や希望をもってより高い目標を立て、当面の課題に根気強く取り組み、努力する。
❹責任感	●自分の役割と責任を自覚し、信頼される行動をする。
❺創意工夫	●進んで新しい考えや方法を求め、工夫して生活をよりよくしようとする。
❻思いやり・協力	●思いやりと感謝の心をもち、異なる意見や立場を尊重し、力を合わせて集団生活の向上に努める。
❼生命尊重・自然愛護	●自他の生命を大切にし、自然を愛護する。
❽勤労・奉仕	●働くことの意義を理解し、人や社会の役に立つことを考え、進んで仕事や奉仕活動をする。
❾公正・公平	●だれに対しても差別をすることや偏見をもつことなく、正義を大切にし、公正・公平に行動する。
❿公共心・公徳心	●規則を尊重し、公徳を大切にするとともに、我が国や郷土の伝統と文化を大切にし、学校や人々の役に立つことを進んで行う。

1　基本的な生活習慣

評価のチェックポイント

●休み時間や給食、放課後など、自分や友達に気をつけて生活しているか？

●相手の気持ちを考え、立場によって言葉遣いに注意しながら行動しているか？

●落ち着きのある態度で、きまりや規則などを進んで守ろうとしているか？

◎　どんな状況であってもしっかりと判断し、その場に応じた行動をとることができます。また、友達には適切なアドバイスをしたり、クラス全体がまとまりある行動をとれるようにリーダーシップを発揮する姿が見られました。

○　相手の気持ちを考えて気持ちよく話したりする姿や、友達にあいさつを忘れない姿勢に好感がもてます。

○　給食当番の際には、安全に気をつけて配膳し、友達に声をかけて生活目標などを守ろうとしている姿が見られました。

○　教室内では落ち着いて行動することができました。教室を移動する時には、廊下を静かに歩いている様子が見られました。

△　集中しながら生活する場面も多く見られます。しかし、時に落ち着きがなく、乱暴な言葉遣いになることもあります。学校生活のきまりなど、確実に守ることができるよう指導しました。

△　休み時間は元気に外で遊ぶことができました。遊びに夢中になると次の学習の準備を忘れがちです。時計を見ながら行動できることが大切です。

△　場に応じた行動をとろうとするのですが、夢中になるとついそれを忘れてしまいがちです。時間と心にゆとりをもって行動できるとよいでしょう。

2 健康・体力の向上

評価のチェックポイント

●自分自身の心身の健康に注意して生活しているか？

●運動や遊びを、自分から進んで行っているか？

●友達の気持ちを考えながら、明るく元気に生活しているか？

◎ 委員会の1人として学校全体の目標を考えたり、休み時間には積極的に運動したりして、元気に生活することができました。

○ 「体力向上チャレンジタイム」では、自分なりの目標をもって、体力づくりに取り組むことができました。

○ 身体を動かすことをいとわず、元気な○○さん。休み時間になると「外に行こう」と友達に声をかけて、いつも運動場で遊んでいる姿が印象的です。

○ 休み時間などは、外で元気よく過ごすことができます。また、明るい態度で友達と接することができています。

△ 外で元気よく遊ぶことができました。クラスのみんなや友達とつくったルールを守りながら、楽しい時間を過ごせるとさらによいです。

△ 友達に誘われると外へ出て遊ぶこともあります。体力をつけるためにも、少しずつ体を動かせるように話し合っています。

△ 教室内で遊ぶことが多いので、来学期はさらに多くの友達と、外で体を動かしながら遊べるように声をかけています。

3 自主・自律

学校生活の様子

評価のチェックポイント

●自分の目標をしっかりともち、計画的に取り組んでいるか？

●課題に対し、解決するための方法を考え、最後まで根気強く取り組んでいるか？

●友達の意見に左右されず、確かな自分の意見や主張をもって話しているか？

◎ 学習や遊びの内容を工夫し、自分が今何をすべきかを考えながら、見通しをもって取り組むことができます。

○ ○○発表会に自ら立候補し、休み時間や放課後にも一生懸命練習している姿が印象に残っています。友達が外に遊びに行っても「覚え終わるまではがんばる」と目標に向かって努力しています。

○ グループ活動の折など、自分の意見を堂々と主張することができます。また、決まったことについては最後まで根気強く行うことができます。

○ 学期の初めに立てた目標を目に見える場所に書いておくなど、自分の目標を達成するための工夫をしていました。

△ 明るく素直な性格で友達からも好感をもたれていますが、友達の意見に流されやすい面があるので、「自分の考えも伝えよう」と指導してきました。

△ 自分の目標を決める時には、張り切って決めるのですが、途中で諦めてしまう姿が見られました。自分に合った課題を設定できるようにして、達成感を味わわせてきました。

△ 教師と約束したきまりは、しっかりやり遂げるようになってきました。今後は、自分で決めたことは守る、やるべきことはやるといった自主性を育てていきます。

13

4 責任感

◎ 話合いでは建設的な意見を進んで発表しています。提案されたことの問題点を指摘するだけでなく、それを解決するための方法も考えて発言しました。先まで見通して話合いに参加している○○さんの成長を感じました。

○ 給食当番や清掃などでは、最後の片づけまで責任をもって行うことができます。また、友達の作業が遅れたりしていると手伝ってくれます。

○ 自分のやるべきことは、計画をきちんと立て、必ずやり遂げることができました。

○ 掃除や給食当番の仕事、係の活動など、自分から進んで行うことができます。人が見ていなくても確実に仕事などを仕上げる様子はクラスのみんなの見本です。

△ クラス全体のことを考えて行動することができます。今後は係の仕事や清掃も最後まできちんとできるようになることを期待しています。

△ ○○係の仕事を友達と協力しながら行うことができました。しかし、他の友達に任せる部分が多かったので、今後は自分から積極的に取り組む責任感を育てていきたいと考えています。

△ 係の活動では、リーダーの動きを見ながら、助言をもらって動くことができました。そのため、自分から動き出すことができるよう助言しました。

5 創意工夫

評価のチェックポイント

●想像をふくらませ、友達が気づかないような発想をしているか？

●問題を解決するため、いろいろな角度から方法を考えているか？

●各教科等での学習や生活の中で学んだことを生かし、生活をよりよくしていこうと考えているか？

◎ 常に新しいことを考え出し、生活を豊かにしようとする態度が見られます。感性が豊かで、物事の見方や考え方に素晴らしいものがあります。

○ クラス遊びでは、マンネリ化してきた遊びをみんなで楽しく遊べるように新しいルールを考え出し、大いに盛り上げてくれました。

○ 整頓係として、本棚を本の種類ごとに分類したり、教室内の整頓を呼びかけるポスターをつくったり、工夫して活動することができました。

○ 1年生とのお楽しみ会では、国語で学習した教材の人形劇を企画・発表しました。独創的なアイデアを盛り込み、見ごたえのある劇にすることができました。

△ クラスで問題が起こった時には、友達の助けを借りてその問題に気づくことができ、話を一生懸命聞いていました。

△ やらなければならないことは、最後まで粘り強くやり遂げることができます。これからは1つのことをいろいろな角度から考えてアイデアを出していくことを指導していきます。

△ 委員会活動で仕事の内容を話し合った時には、なかなか自分の考えがもてずに悩んでいることがありました。得意なことや学習で身についたことなどを仕事に生かせるように助言しています。

6 思いやり・協力

評価のチェックポイント

●相手のことを考え、相手の立場に立って物事を考えているか？

●自分とは違う考え方や意見であっても相手を受け入れ、認めながら生活しているか？

●誰とでも仲よく接し、グループを盛り上げたり、下級生の世話を進んで行っているか？

◎ 下級生と一緒に掃除をしている時の言葉や笑顔はいつも優しく、下級生が自分たちで掃除ができるようにと、同じ班の友達と協力して丁寧にやり方を教えることができました。

○ 異学年グループの活動の時にリーダー的な立場で、グループを盛り上げたり、下学年の面倒を見たりすることができました。

○ 困っている友達に自分から声をかけて、一緒に解決方法を考えたり、自分が分かることを教えたりするなど、思いやりのある姿が見られました。

○ 縦割り班で行っている掃除の時間には、1年生にほうきの使い方や、雑巾のかけ方などをやさしく丁寧に教えていました。

△ グループで活動をしていて、困っている友達がいると、友達と一緒に助けてあげようとしました。1人でも行動できるようになるとさらに成長できます。

△ 班での学習や作業を行う時に友達と意見が合わずに、活動がうまくいかないことが見られました。周囲の考えもよく聞いて、みんなが納得できるような解決策を見つけられるように話しました。

△ 困っている人の面倒をよく見てくれますが、自分の思い通りにならないと行動が乱雑になりがちなところもあります。どんな時でも相手の気持ちを考えた行動ができるように指導してきました。

7 生命尊重・自然愛護

> **評価のチェックポイント**
>
> ●自然を見つめ、その素晴らしさに気づいているか？
>
> ●進んで小動物や草花の世話をしているか？
>
> ●自分以外の命も自分と同じように大切なものであることを理解して生活しているか？

◎ 季節の花を飾ってくれたり、花壇の様子を忘れずに見守り、水やりや草むしりなどを熱心に行い、世話をしたりする姿にいつも感心させられます。

○ 学級の生き物係として、ハムスターの世話をよくしていました。また、学級園の植物の水やりなどの仕事も進んで行っていました。

○ うさぎ小屋の掃除や水かえに熱心に取り組んでいます。朝の時間や休み時間など、進んで世話をする○○さんの姿には、生き物に対する深い愛情が感じられます。

○ 飼育委員会では、決められた当番日に動物たちの世話を忘れずにすることができました。○○さんの真面目な姿勢は委員会内でも好評です。

△ 動物や草花には興味をもっていますが、なかなか世話を続けることができないようです。命の大切さを考え、自分1人でも世話ができるように指導しています。

△ 昆虫にとても興味があり、教室にもってきてはクラスの友達に紹介しました。時に世話をすることを忘れてしまうこともありましたので、「小さな命でも責任をもって守ってほしい」と話したところ、真剣な顔でうなずいていました。

△ 小動物や草花に対して、自分から世話をさせたいものです。動植物など、命あるものすべてに○○さんの優しさを向けていってほしいと思います。

8 勤労・奉仕

●係の仕事などを積極的に行うとともに、人が嫌がる仕事なども進んで行っているか？

●地域での清掃活動などに、意欲的に参加しているか？

●どのような時でも自分の仕事に責任と自覚をもって取り組んでいるか？

◎ 水槽の水かえや教室の掃除など、みんなのためになる仕事を自分で見つけ、自主的に取り組むことができます。

○ 清掃の時間には、クラスで決めた約束を守って、きれいな学校にしようと努力する姿が見られました。

○ ボランティア活動に進んで参加し、川の掃除やごみ拾いを熱心に行っていました。

○ 給食当番の仕事に責任をもって取り組んでいます。汚れた配膳台を片づける仕事などもしっかりできます。人が嫌がる仕事でも、自分から進んで行おうとする姿勢をこれからも大切にしてほしいです。

△ 教師が見ている時は一生懸命係に仕事などを行っていますが、見ていないと雑になる面があります。自分の仕事など進んでできるよう励ましています。

△ 友達に自分の仕事を任せてしまいがちでした。友達と協力しながら、自分から仕事を見つけて進んで動けるように指導しています。

△ 興味がある仕事は進んでできますが、面倒な仕事になると友達とふざけてしまうことがあります。自分の役割と仕事の意味を考えさせています。

9 公正・公平

- ●大切なことは何かを考えながら行動しているか？

- ●自分の悪いところは素直に認め、改めようと努力するとともに、友達のよくない点もやわらかく正そうとしているか？

- ●友達など差別することなく誰とでも仲よく生活しているか？

◎ クラスの話合い活動に進んで参加し、友達のよいところを認め、学級全体をよりよくしていこうとする発言がたくさんありました。

○ ゲームの中で誰と一緒のメンバーになっても、気持ちよく遊ぶ姿勢は、友達を大切にしようとすることの表れだと思います。

○ 友達とトラブルがあった時には、相手の非を責めるだけではなく、自分が悪かったことも冷静に振り返ることができました。

○ 友達の意見に耳を傾け、素直に反省することができます。また、友達への接し方が上手で、大勢の友達から信頼されています。

△ 仲がよい友達に対してはとても親切に行動することができます。一方で自分の意見と違う友達に対して、心無い言葉を発してしまったりすることがあります。誰に対しても正しい判断ができるように助言しました。

△ クラスで話合いをしている時など、自分の考えをもちながら友達の様々な意見を聞いていました。さらに、自分の考えをより深められるよう指導しています。

△ 一部の友達には否定的な態度で接するようなことも多少見られました。今後は特定の友達にとらわれることなく、いろいろな友達のよい面に目が向けられるようになることを期待しています。

10 公共心・公徳心

評価のチェックポイント

●学校や人々の役に立つことを進んで行っているか？

●みんなで使う物や、学校や地域にある物と自分の物とを区別して生活しているか？

●地域にある伝統的な行事に進んで参加し、文化財などに興味をもっているか？

◎ 児童会活動で決めた廊下歩行について、自ら進んで約束を守り、さらに日常的に他学年の子どもたちにも守るようにやさしく呼びかけることができました。

○ 校外学習では、電車の乗り方や、文化財への接し方など、よく考えて行動することができます。

○ 清掃用具が乱れていることによく気づき、いつもしっかりと揃えていました。「次に使う人が気持ちよく使えるように」という心配りができています。

○ 本棚に整頓を呼びかけるポスターを貼ったり、クラス全体に「本を大切に使おう」と呼びかけたりするなど、積極的に活動することができました。

△ 版画の学習では、勢い余って床まで彫ってしまったのは少し残念でした。みんなで使う物の大切さについて考えられるよう指導しています。

△ 地域の行事にも積極的に参加していました。お祭りなどの伝統行事に触れることも大切だと声をかけました。

△ 自分が使ったボールなどの後始末を忘れてしまうことがあります。みんなで使う物の大切さを一緒に考えられるようにしています。

Ⅱ章

学習全体を通して
〈子どもの様子別〉

1 主体的に学習に取り組む態度
2 思考力に関する面
3 知識・技能に関する面
4 発想に関する面
5 表現に関する面
6 協調性、情緒、習慣に関する面

1 主体的に学習に取り組む態度

意欲があり、少しずつ伸びてきている子

毎日の漢字練習や計算ドリルなど、決められた課題に関してはコツコツと努力を重ねて粘り強く取り組んでいます、そのため計算もだんだんと早く正確になり、漢字テストでも合格が多くなってきました。

漢字練習をとてもがんばりました。このことが本人の自信になり、他の教科に対する意欲も少しずつ向上してきています。

意欲はあるのだが、それほど伸びないでいる子

与えられた課題に対して、とても真面目に取り組んでいます。この真面目な姿勢で努力を続ければ、必ず成果が表れると期待しています。

どの学習も一生懸命に取り組めました。これからは、学習の仕方を考えられるようになると、よい結果が出てきます。

非常に積極的に学習に参加する子

どの教科の授業でも、発言への意欲が旺盛で、自分の考えを積極的に語ることができます。ノートも分かりやすくまとめられ、意欲が強く感じられます。

算数の学習では問題の解き方を多面的に考えて、答えを見つけていました。他の教科でも自分なりに工夫して積極的に学習できました。

受け身で意欲が感じられない子

友達と積極的に関わり、元気に遊んでいます。しかし、授業中にはその積極性

が十分に発揮されないこともあります。そのため授業の中でも、もっている力を十分に発揮できるように指導しました。

漢字学習では、辞書を使って学習している姿が見えました。他の学習にも興味をもって前向きにできるよう、助言しました。

学習中の態度がよい子

教師や友達の話を真剣に聞こうとしています。グループ学習でも、班の友達と協力しながら課題に対して真剣に取り組む姿が見られました。

私語もなく、授業に集中して学習している態度が見られた○○さん。理科の実験でも、グループの友達と協力して実験器具を用意して学習に取り組めました。

学習中に、私語や手いたずらの多い子

個性的な発見や発言でクラスの考えを深めてくれます。おしゃべりをやめ、友達や教師の話がしっかり聞けるようになれば、もっと発言の内容も深まってきます。

体育のバスケットボール学習では、みんなの先頭に立ってグループをまとめたり、進んで運動することができました。教室での学習の時も集中してできるように指導しています。

どの教科にも関心をもち、興味深く取り組む子

どの教科においても「どうしてだろう」「ああ、分かった」などとつぶやきながら、意欲的に活動している姿が印象的です。○○さんのもつ強い好奇心が、クラスみんなの追究力を高めてくれています。

○○さんのよい点は、好きな教科と嫌いな教科の偏りがなく、どの教科でも関心をもって学習できることです。

教科によって、関心があったりなかったりする子

計算が速く正確で、算数の学習に対してはとても積極的に取り組んでいます。しかしその反面、苦手な教科に関しては消極的になりがちです。何事に対しても興味をもって新鮮な気持ちで取り組んでいくように指導しています。

絵をかいたり、工作をしたりすることには興味をもって学習できました。漢字や計算も、進んでできるよう、指導しています。

学習作業が手早い子

社会科の新聞づくりの活動では、自分の選んだテーマに合わせて本やタブレット端末を使い資料を集め、手際よくまとめることができました。

ノートへの記録、文章を視写することなど、丁寧に素早くできます。図画工作や理科の準備も手際よく、○○さんの学習に対する意欲の高さがうかがえました。

学習作業が遅れぎみの子

図画工作では、とても丁寧な作品を仕上げることができました。反面、活動が時間内に終わらないことも多いのですが、休み時間や放課後を使って、やり遂げる粘り強さをもっています。

何事にも丁寧に根気よく作業ができます。今後はみんなと同じペースで学習作業が進められるように声をかけていきます。

じっと席に座っていられない子

友達と元気に体を動かしながら遊んでいます。それと同じ感覚なのか、授業中も席から離れて友達のところへ行ったりすることがあります。そのため、状況に応じた行動がとれるよう指導しています。

総合的な学習の時間の○○づくりでは興味をもって一生懸命に取り組んでいました。他の教科の学習の時も落ち着いて自分の席で学習できるよう、指導しています。

宿題や忘れ物の多い子

その日の学習に必要な物を忘れて困っている姿が少し見られました。そのため、前日に持ち物を確認することも学習の一部だということを助言してきました。

家庭科の調理実習の持ち物を忘れて、グループの友達に迷惑をかけたことがありました。その後は、本人も宿題や忘れ物に気をつけようとしていますので応援していきたいと思います。

予習、復習などがしっかりできる子

新出漢字の練習など、家庭で学習する習慣がきちんとついています。そのため学習の内容も定着し、本人も自信を深めています。

どの教科でも予習や復習がきちんとできています。特に国語は、意味調べや読みのまとめを進んで取り組んでいました。

言われなければ学習しようとしない子

教師からの決められた課題に対しては、責任をもって取り組めるようになりました。今後は、自分から計画的に学習を進めていけるように指導していきます。

音楽が好きで、進んで楽器の演奏ができました。他の教科では先生や友達から声をかけられてから始めるようなところが見られますので、本人の自覚を促していきます。

学習の準備を積極的に行う子

授業が始まる時間にはきちんと学習の準備をし、周りの友達にも声をかける姿が多く見られました。

どの教科でも授業の準備がいつもきちんとできていて、学習に対する積極性がうかがえました。

身の回り（使用した教具）の片づけができない子

新しいことに興味をもち、楽しそうに活動しています。その反面、使った物や身の回りにある物の片づけが後回しになりがちです。整理整頓がきちんとできるよう、言葉がけを続けていきます。

いつも活動的で、休み時間になると一番に外に出て行きますが、学習で使った道具や教科書が片づけられていないこともありました。

指示されないと行動できない子

教師や友達から頼まれたり、グループで分担したことは、責任をもってやり遂げることができます。今後は、自分からやるべきことを見つけて動き出せるような力を育てていきます。

○○さんの授業中の態度はとてもまじめです。グループ学習でもみんなと協力して行うことができますので、これからは教師から指示されない状況でも自分で判断して行動できるように指導していきます。

集中して学習に取り組む子

共同版画の活動では、黙々と作業する姿が印象的でした。1つ1つの作業に集中して取り組む姿勢は他のメンバーの手本となりました。

どんなことも一生懸命にやることができます。特に好きな社会や理科の学習では、集中して実験したり、調べている様子が見られました。

めあてをもって学習できる子

4月に決めた「毎日日記を書く」というめあて通り、1日も休むことなく日記を書き続けています。今では文章の内容の成長も実感することができます。

社会や理科の学習課題をつくって追究していく学習では、きちんと自分の課題を見つけ、それを解決することができました。

計画的に学習できない子

今学期は「毎日漢字練習をする」というめあてを立てて、積極的に取り組んできましたが、次第に提出されなくなってきたのが残念です。継続することの大切さを学ばせていきます。

新しい学習が始まる時、教科書や資料に目を通し、学習の計画を立てました。それが実行できない場面も見られましたので、立てた計画を思い出すよう助言しました。

2 思考力に関する面

考える力に優れている子

本を読んだり資料を調べたりして分かったことから、自分の考えを深めています。書かれていることについて自分はどう思うのか考えようとする姿勢があり、素晴らしいです。

クラスの話合いの場面において、意見が交錯した状態から新たな視点をもって問題を解決していく姿が、何度となく見られました。

あまり深く考えられないでいる子

分かったことについて自分はどう思うのか、どんな問題が発生するのかなどについての考えをもてると調べ学習がより深まります。

クラスで起きた問題など大きな局面においては、なかなか深く考えることができないようですので、見方を広げられるよう指導しました。

筋道を立てて考えられる子

算数の学習などで問題の解き方を説明する時には、聞いている友達に分かるように、順序よく話すことができました。

みんなの前に出て、友達の反応を見ながら発言することができます。その筋道を立てて話す姿は、クラスの見本となりました。

自分の考えがなかなかまとめられない子

授業中の反応はとてもよいのですが、発言の最中に結論が見えなくなってしまうこともあるようです。自分の考えをメモをしていくなどの工夫をさせています。

話合いの場面では、自分が思いついたことを進んで発言しています。しかし、何が伝えたいのか分からなくなる場面も見られました。落ち着いて、自分の言いたいことをまとめてから発言するように声をかけました。

ノートのとり方が上手な子

板書されたことだけでなく、友達の意見や自分の考えもノートにまとめていました。調べた結果や分かったこと、自分の考えなどを丁寧にまとめていくことで、学習への理解も深められました。

自分なりのコメントを入れたり、見出しを工夫するなど、○○さんのノートづくり

はクラスの見本となりました。

ノートが上手く活用できない子

学習した日付や教科書のページ数、問題の番号などをきちんとノートに書かないで済ませてしまうことが見られました。今学習していることがノートを見てすぐ分かるように指導しています。

黙々とノートを取る○○さんの姿には好感がもてます。今後は、何が自分にとって必要なのかを考え、工夫してノートをつくっていけるとよいでしょう。

不注意によるミスが多い子

「課題を早く終わらせたい」という思いが強いためか、作業が雑になることがありました。何事にも丁寧に取り組み、最後の確認をしっかりするよう指導したところ、間違いが少なくなっています。

意欲をもってどんどん学習を進めていける○○さん。しかし、見直しが足りないためでしょうか、少しミスが目立つので最後に見直すようにアドバイスをしています。

人の考えに頼ろうとする子

グループでの話合いの時など、自分の考えを提案することが難しかったようです。「自分はどう思うのか」という考えを出しながら活動できるようにしていきます。

自分なりに学習への問題意識は常にもっているのですが、人の意見にやや流されてしまう面があるのは残念です。

人の考えに引きずられ、自分の根拠がもてない子

仲間とうまくやっていきたいという思いをもっています。反面、もっと自分の思い

を前面に出してもよいと思われる時もあります。

課題を設定する時には、自分が考える課題よりも友達の課題に合わせてしまうことがありました。自分が明らかにしたいことを大切にして追究していけるよう声をかけています。

学習したことを、他の場面で生かそうとする子

総合的な学習の時間で○○について調べた結果を算数の「割合」の学習を生かしてグラフにしたり、家庭科の調理実習で○○をつくった時には「比」の学習を生かして材料の分量を計算したりできました。

話合いの場面では、自分が学んだ経験をもとに語ることが多くあります。それまで学んだことを次に生かしていこうとする姿に感心させられます。

自分なりの方法を工夫できる子

問題を解決する時には、教科書を見るだけでなく本やタブレット端末で調べたり、自分で実験方法を考えたりして取り組んでいました。

友達と違う方法を見つけようとする意欲が感じられます。友達からも困った時に頼られる存在となっています。

人の真似が多く、自分で考えようとしない子

学習したことをまとめる時には、友達のやり方を参考にしてよいところを取り入れながら作業に取り組んでいました。今後は自分なりの方法を考えていけるとさらによいでしょう。

「同じです」という言葉をよく使っていますが、もう少し細かく話すことで、人とは違う部分が見えてくるはずです。自分の考えを伝えることができるよう、指導しています。

3 知識・技能に関する面

記憶力に優れている子

歴史上の人物の名前や出来事など、授業で習ったことをすぐに覚えることができました。興味をもって学習している成果だと思います。

一度聞いた話はしっかりと覚えています。授業では、自分の考えをつけたし、細かな部分まで説明することができます。

学習の内容を確実に理解している子

分からないことはそのままにせず、教師に質問したり教科書や資料を読み直したりして内容を正しく理解しようとしていました。

分からないことがあれば、粘り強く質問し、その時間の中で確実に理解しようとしています。○○さんの意欲は同時にクラスメイトの理解も深めてくれています。

努力はしているが、理解が定着しない子

漢字練習や計算練習をいつもしっかり行っています。今後は教科書の音読を繰り返したり、本をたくさん読んだりしていくと、学習内容の理解がより確かなものになります。

自宅でも何度も繰り返し漢字練習をするなど、努力をしている姿に好感がもてます。この調子でがんばれば必ず成果が表れるでしょう。

努力をし、豊かな知識をもっている子

本が大好きで時間を見つけては読書をしている○○さん。そのため知識も豊富です。もっと詳しく知りたいという意欲もあり、教師によく質問をしていました。

進んで図書館に行き、授業のための資料を集めることを続けていました。そんな○○さんのおかげでクラス全体の学習が深まっていきました。

知識があまりない子

辞書を引いたり教科書や資料を本やインターネットで調べたりすることをいとわなくなりました。知識量も確実に増えていますので、これからも励ましていきます。

自分の経験の中で話すことはとても大切なことです。そこに本やインターネットなどで調べた知識が加われば、もっと客観性のある発言内容になってきます。

筋道を立てて理解し、応用力のある子

何事にもじっくり取り組み、筋道立てて考えて問題を解決することができるので、難しい問題でも自分の力で解決することができました。

事実を丁寧に押さえながら問題を解決していこうとするので、結果として筋道を立てて理解できています。その力は他の場面でも十分に発揮されています。

理解はするのだが、応用するのが苦手な子

友達や教師の話を落ち着いてよく聞いているので、学習したことをよく理解できています。何か問題を解決する時に、今までに学んだ知識を生かせると学習活動がより楽しくなると指導しています。

着実に学習内容を理解していっています。しかし、文章題などで表現が違ってくると戸惑ってしまうこともあるようです。そのため、多くの問題にチャレンジできるよう指導してきました。

学習が足りなくて、理解の定着が弱い子

漢字練習に意欲を見せ始め、小テストでは満点を取ることも増えてきました。努

力することで、学習したことが身についていると実感しているようです。

ミニテストなど短い期間での成果は上がっています。しかし、まとめの段階になると忘れてしまうことが多少あります。日々の積み重ねを大切にしましょう。

基礎学力が不足している子

今までは積極的ではなかったドリル学習にも、自分から取り組めるようになりました。毎日の積み重ねが実を結びつつあります。

○○さんのまじめな学習態度には好感がもてます。今後はドリル学習などで、基礎的な力を身につけていきます。

知識より、体験的な学習を好む子

ゲストティーチャーが来校した時に、○○さんの積極性が発揮されます。質問をたくさんするなど、貪欲に学んでいこうとする姿はとても素晴らしいです。

問題を解決する時には、自分のアイデアを出して実験して確かめたり、体験してみたりと行動力と実践力にあふれる○○さん。結果をきちんとまとめ、より理解を深めていきます。

4 発想に関する面

発想が豊かな子

授業中や休み時間に見せる○○さんのアイデアや意見にはみんなが驚かされています。素晴らしい発想力です。

算数や理科の学習で、その解決方法をいろいろな角度から考え出す力には、素晴らしいものがあります。

発想が固く、行き詰まる子

考えが浮かばなかった時、ちょっと視点を変えてみると大きな発見があります。いつでも物事を多面的に見ることができるように指導しています。

考え方はよいのですが、他への広がりが見られないようです。友達の見方を参考に、自分の考えを深められるよう、指導しています。

物事を多面的に見ることができる子

学習の解決方法を見いだすために、1つの事象を様々な角度から見つめることができます。

1つの問題を解決する時など、多くの資料を参考に、自分の見方を広げることができます。

物事を一方向からしか見ることのできない子

学級活動で議論が対立している時、自分の考えを深めるためにも意見を言うだけではなく、相手の意見も聞いてみるよう声かけをしています。

絵をかく際のアイデアは素晴らしいのですが、上手にかくことにとらわれすぎるところがあるようです。見方を広げられるように指導しています。

独創性があり、ユニークな考え方をしている子

いつもユニークなアイデアを出し、クラスのみんなを驚かせていました。特に○○では、独創的な素晴らしい作品をつくり上げることができました。

他の友達が考えつかないようなアイデアをたくさんもっています。個性的な考え方が素晴らしいと思います。

考えが固定化されてしまう子

本を読んだり、友達の意見や考えを参考にしたりしながら、自分の考えをどんどんふくらませていってください。

堅実な学習態度は素晴らしいです。欲を言えば、もう少しいろいろな角度から物事を見られるとよいので、友達から学ぶことのよさを指導しています。

個性を発揮し、自分らしさを出している子

どの教科にも積極的に反応し、自分の言葉で的を射た話し方は、友達を納得させることができます。

時には明るく、時には厳しく、クラスを引っ張っていってくれました。○○さんの明るさがクラス全体の雰囲気を明るくしてくれました。

自分らしさがなかなか出せない子

いつもユニークな発想をしている○○さんですが、考えをなかなか表に出せずにいます。素晴らしい考えなのですから、自分に自信をもつよう助言しています。

とてもよい考え方をしているのですが、クラス全体の中で自分自身を生かすことができないようです。グループの中では活躍しているのですから、自信をもって自分を表現できるように指導しています。

新しい考えを進んで出してくれる子

1つのパターンにこだわらず、常に新しいアイデアを出しながら学習を進めることができました。

国語や算数、その他の教科に積極的に取り組み、解決方法などいろいろな角度から考えることができます。アイデアがとても豊かです。

学習全体を通して

過去の考えにこだわっている子

新しい活動に関して、取り組み始めるとテキパキと動き、クラスをどんどんまとめていってくれるのですが、最初の一歩を踏み出すのに慎重になってしまいがちです。

学習面では確実な考え方をしています。自分の考えにこだわることも大切ですが、いろいろな考えを取り入れることも大切なことですので、もう少し柔軟な考えが身につくように助言しています。

5 表現に関する面

自分の考えを、よくまとめて分かりやすく話す子

一番伝えたいことを先に話し、後から理由を述べて説明をする○○さんの話し方はとても分かりやすかったです。クラスの中でもお手本になっていました。

聞き手がよく分かるよう、自分の考えをまとめ、筋道の通った話し方をすることができるのは立派だと思います。

発言はするが、内容が分かりにくい子

相手に一番伝えたいことは何かを考えてから発言すると、自分の考えていることを相手に伝えやすくなります。

積極的に発言することはとてもよいと思います。もう少し友達に分かるよう、話し方の順序などを整理しながら考えると、もっとよくなると思います。

分かっているが、発言があまりない子

進んで発表することは少ないのですが、ノートにしっかり自分の考えをまとめることができています。いろいろな友達に○○さんの考えが伝わるように助言しています。

落ち着きのある態度で、集中して学習に参加しています。○○さんのよい考えが全体に広がることを期待しています。

新聞にしたり、図や表にして表すことが上手な子

アンケートなどから集めたデータをどのように表記すれば分かりやすいかを考え、的確にグラフや表に表すことができます。

資料から必要なことをつかみ、レイアウトなどを考えて、とても分かりやすい新聞などをつくることができ、素晴らしいと思います。

図や表が使えず、言葉だけの表現になってしまう子

アンケートなどから集めた数値を文章ではなく、図や表で表すと相手に伝わりやすくなります。自分が調べたことが友達に伝わるように工夫させてきました。

日本の農業の様子の説明がとてもよくできます。図などを用意して説明すると、もっと伝わりやすくなると思います。

筋道の通ったスピーチができる子

調べ学習の発表の際、自分で調べたことを電子黒板やタブレット端末を使って発表するなど、相手に分かりやすく伝えようとする工夫が見られました。

自分でつくった原稿を整理し、その内容をよく把握して、メモを見ながら聞き手に分かるようにスピーチする様子は立派です。

長くスピーチすることが苦手な子

朝のスピーチで戸惑ってしまうことがありました。自分が経験した1つのことを例に挙げながら具体的に説明していくと、分かりやすいスピーチになると思います。

話の内容はとてもよい○○さんですが、断片的になってしまうところがあるようです。話す順序なども考えて、詳しく話せるように指導していきます。

友達の話をしっかり聞いて自分の考えを発言する子

友達の意見に対し真剣に耳を傾けたり、自分が分からないことを質問したりして、自分の考えを深めていこうとする姿勢が素晴らしいです。

常に友達の話に耳を傾け、その内容を理解しようとしています。また、友達の話を受けて自分の考えを述べる姿勢は、クラスのお手本です。

友達の話が聞けない子

「友達が話している時は、まずその人の方を見てじっくり話を聞いてみましょう。すると、○○さんの考えがより一層深まっていくはずです」と声かけをしています。

学習中の私語や手いたずらなどで、集中できないところがあるようです。話し手を見て、何を言おうとしているのか考えながら取り組めるように指導していきます。

感想や手紙が思い通りに書けない子

自分の思いや考えをたくさんもっているのですが、言葉や文章で表現することが多少苦手のようでした。日記を書くなど、自分の気持ちを文章にしていく経験を積むと上手に書けるようになります。

書く時には、メモをつくったり内容を整理してから文章にすると、自分の思いが伝わるようになると指導してきました。

6 協調性、情緒、習慣に関する面

グループで協力して学習できる子

グループ学習では、中心となって話合いを進め、みんなが参加できるように気を配りながら手際よく分担し、グループを上手にまとめて学習を進めていました。

グループ学習では、班の友達と協力しながら資料を選んだり、発表の方法を話し合ったりしながら意欲的に活動することができました。

なかなか仲間に入ろうとせず、1人での学習が多い子

「私たちの町」の発表会では、町の福祉問題について1人で調べ、分かりやすく発表することができました。独特の視点やアイデアをグループでの話合いの中でも生かせるようにアドバイスしています。

自分のしたいことがはっきりしているためか、グループに入らずに1人で学習を進める姿が見られます。友達と協力して学習する楽しさや深め方を味わわせてあげられるように指導してきました。

学習のルールが習慣化されている子

学習の用意がきちんとできており、話合いでも友達の意見を尊重しながら自分の考えを述べることができます。話合いをおだやかな雰囲気で進めてくれます。

休み時間と学習中の切り換えがしっかりとできています。また、友達や教師の話に耳を傾け、それに対する自分の考えもみんなの前で発言することができます。

自分本位になってしまい、友達の話を聞こうとしない子

自分の意見をしっかりともっているため、積極的に発言するのですが、夢中にな

るあまり、友達の意見に耳を傾けない時もあります。お互いの意見を尊重し合いながら話合いを進めるようにアドバイスしています。

個性的な意見でクラスのみんなの考えを深めてくれることが多く見られました。一方で、友達の話に耳を傾けて、客観的に判断することの大切さにも気づかせていきます。

落ち着きがなく、よく席を立つ子

興味があることには意欲的に取り組むのですが、集中が途切れると自分の興味があることに意識が向いてしまいます。学習に集中して取り組めるように励ましてきました。

休み時間には、友達と仲よく元気に遊ぶ姿を多く見かけます。しかし、授業と休み時間との区別がつきにくいこともあるので、きちんと状況を判断して行動できるよう指導しています。

できる教科とできない教科がはっきりしている子

得意な算数では素晴らしい集中力を発揮していますが、体育ではなかなか意欲がもてないようです。苦手だと思う教科でも少しずつ挑戦し、できることの幅を少しでも広げていくよう声をかけています。

歴史の学習には深い興味をもち、調べ学習をしたり本を読んだりと自主的な取組が多く見られます。その反面、算数には苦手意識があるようで、宿題やドリルなども滞りがちです。やればできる力があるので、主体的に取り組むよう指導しています。

日記や家庭での学習をよく行っている子

日記や家庭学習など、毎日欠かさずにコツコツとよく努力を積み重ねています。こうした毎日少しずつの努力が、大きな成果となって表れてきています。

家庭学習の習慣がしっかりと定着し、漢字練習、日記など、週の計画通りに毎日家庭学習帳が提出されています。新出漢字もきちんと覚えているので、日記の表現もどんどん豊かになっています。

よく読書をしている子

朝の時間や休み時間など、読書タイム以外の時間でも本を読んでいる姿を多く見かけます。今学期は図書室から本を○○冊借りて、すべて読むことができました。

休み時間や朝自習の後など、ちょっとした時間でも進んで読書をしています。様々な文章にふれているので、文章表現力も豊かで、多くの知識も身についています。

学習の習慣が身についている子

授業の始まりにはきちんと教科書とノートを開いて準備がされています。、授業で興味をもったことを家でさらに調べるなど、学習に対する姿勢が素晴らしいです。

休み時間を使ったり家庭に持ち帰ったりしながら、自分が必要と感じた学習や、終わらなかった課題などに自主的に取り組む姿は、大変立派です。

学習より遊びが中心になっている子

毎日の遊びが楽しく、夢中になって遊んでいるようです。家に帰ってからも、学習に対して進んで取り組む姿勢をもう少しつけていけるよう声をかけています。

外遊びが大好きでいつも楽しそうに遊んでいます。ただ、終わらなかった課題をやる約束をしている日にも遊びを優先してしまうことがあったようです。やるべきことはきちんと行う習慣を大切に育てていきたいと考えています。

宿題をしっかりやってくる子

○○さんは宿題に対して、とてもまじめに取り組み、与えられた課題をしっかりとやり遂げてきます。さらに、授業で興味をもったことについて、自分で資料を集めるなど、粘り強い姿勢が素晴らしいです。

与えられた課題に対しては、真面目にこつこつと取り組むことができる○○さん。責任感も強く、定められた期限はきちんと守って提出しています。

あまり本を読まない子

与えられた課題に対してまじめに取り組もうとしていますが、文章を読み取るのに時間がかる傾向があります。本に親しむことで、文章に慣れ、豊かな想像力と知識を身につけられるようにしていきます。

雨の日はみんなで読書をすることになっているのですが、あまり教室にいることがありません。運動だけでなく、読書の楽しさにもふれさせていきたいと考えています。

できていないのにできたと言う子

課題に対してすぐに取り組み「できた」と、とても早く言うことができるのですが、よく見てみると十分でないこともあります。あわてずに与えられた時間を有効に使って、力を出し切るという習慣を身につけていけるように指導しています。

○○さんは発言意欲が旺盛で、どの教科でも積極的に手を挙げています。手を挙げてから何を言うかを考えたり、問題が終わっていないのに手を挙げたりすることもあるので、落ち着いて、ゆっくり考えることも大事だと指導しているところです。

Ⅲ 章

教科
〈領域ごとに観点別〉

国語
社会（5年・6年）
算数（5年・6年）
理科（5年・6年）
音楽
図画工作
家庭
体育
外国語

◎ よくできる子に対する文例
○ おおむねできる子に対する文例
△ もう少しの子に対する文例

国語

指導要録の観点とその趣旨	
観点	趣旨
❶知識・技能	●日常生活に必要な国語の知識や技能を身に付けているとともに、我が国の言語文化に親しんだり理解したりしている。
❷思考・判断・表現	●「話すこと・聞くこと」、「書くこと」、「読むこと」の各領域において、筋道立てて考える力や豊かに感じたり想像したりする力を養い、日常生活における人との関わりの中で伝え合う力を高め、自分の思いや考えを広げている。
❸主体的に学習に取り組む態度	●言葉を通じて積極的に人と関わったり、思いや考えを広げたりしながら、言葉がもつよさを認識しようとしているとともに、進んで読書をし、言葉をよりよく使おうとしている。

知識及び技能 1 言語の特徴や使い方

〔知識・技能〕　　　　　　　　　　　　　　　　評価のチェックポイント

●文や文章の中で漢字と仮名を適切に使い分けるとともに、送り仮名や仮名遣いに注意して正しく書いているか？

●思考に関わる語句の量を増し、話や文章の中で使うとともに、語句と語句との関係、語句の構成や変化について理解し、語彙を豊かにしているか。また、語感や言葉の使い方に対する感覚を意識して、語や語句を使っているか？

●文の中での語句の係り方や語順、文と文との接続の関係、語や文章の構成や展開、話や文章の種類とその特徴について理解しているか？

●日常よく使われる敬語を理解し、使い慣れているか？

●文章を正確に音読したり朗読したりしているか？

◎ 「自分の夢を語る」活動では、声の大きさや速さなどを意識して話すことができました。自分の思いがより伝わりやすい言葉を選んで話す姿は、クラスのよい手本となっています。また、毎日の生活の中でも声の大きさや速さを工夫したり、多くの言葉を使ったりして話す姿が見られました。

◎ 自分の考えを表現する際に用いる言葉が増えたことで、聞き手に分かりやすく説明することができるようになりました。話と話をつなげる言葉や比べる言葉の使い方、聞き手の感じ方を意識した話し方が素晴らしいです。

○ 自分が発表したいことや話したいことを、敬語で聞き手に伝えることができています。授業を通して学んだことを、日常生活に生かそうとする姿が見られました。

○ 詩の学習では、感情を込めて音読しました。また、自分の作品にも喜怒哀楽を折り込むなどの工夫をすることができました。以前にくらべて、聞き手を意識した「朗読」ができるようになってきました。

△ 話す場に合った声の大きさで話すことができていますので、これからは相手に応じて適切な言葉を用いて話すことができるとよいということを助言しています。

△ 朝のスピーチ活動では、教師や友達のアドバイスを受けながら、順序を考えて話をしようとしています。自信をもって話すことができるように指導してきました。

〔主体的に学習に取り組む態度〕 　　　　　　　　　　評価のチェックポイント

- ●積極的に日常よく使われる敬語を理解し、今までの学習を生かして提案しようとしているか？
- ●粘り強く思考に関わる語句の量を増し、学習課題に沿ってインタビューをしようとしているか？
- ●進んで語感や言葉の使い方に対する感覚を意識し、学習課題に沿って話し合おうとしているか？

◎ 相手の思いを大切にして、互いの立場や意図を明確にしながら計画的に話し合い、考えを広げたりまとめたりする姿が素晴らしいです。

○ インタビューを通した話合い活動では、友達の話の内容を受けて自分の考えを述べるために、多くの言葉を使って伝えようとする姿が見られました。

△ 仮名遣いに多少の誤りが見られます。そのため、進んで教科書や辞書を活用して、正しい使い方を覚え、表現できるように指導してきました。

知識及び技能　## 2 情報の扱い方

〔知識・技能〕 　　　　　　　　　　　　　　　評価のチェックポイント

- ●原因と結果など、情報と情報との関係について理解しているか？
- ●情報と情報との関係付けの仕方、図などによる語句と語句との関係の表し方を理解し使っているか？

◎ 「○○」の学習で意見文を書く時に、目指すことと、達成するために必要なことを意識して筋道の通った文章になるように工夫して書くことができました。

◎ 「○○」の物語を学習した時に、主人公の気持ちの変化について、本文の

中で注目したい言葉を丸で囲んだり、語句と語句を線でつないだりして整理していました。文章を読むだけではなく図でとらえることで、考えをより明確なものにすることができました。

○ 「○○」の説明文では、筆者の思いを理解するために文章全体を段落ごとに分け、関係を図で示すことで要旨をとらえることができました。

○ 段落相互の関係や組み立てを意識して、辞書を利用しながら文章を書くことができます。文章のふくらませ方も身についてきました。

△ 原因と結果の表し方など、教科書を活用して、正しい使い方を覚え、書けるように指導してきました。

△ 文章を読む時に原因と結果について意識することを指導してきました。文中の出来事は、何がきっかけで起きたのかを調べるように読むことが大切だと伝えています。

教科
国語

[主体的に学習に取り組む態度]　　　　　　　　　　評価のチェックポイント

●積極的に原因と結果など、情報と情報との関係について理解し、学習課題に沿って内容を説明しようとしているか?

●積極的に、情報と情報との関係付けの仕方、図などによる語句と語句との関係の表し方を理解し、学習課題に沿って意見を述べる文章を書こうとしているか?

◎ 説明文では、筆者がどのような書き方で説得力を高めようとしているのかを考えていました。目的意識をもって読むことが必要な情報を見つける力になっています。

○ 段落相互の関係や組み立てを意識して、辞書を利用しながら文章を書くことができます。文章のふくらませ方も身についてきました。

△ ノートに考えを書く時に、知っている漢字や言葉を使って書こうとしていました。文の構成にも目を向け、いつ、どこでなど、順序立てて文章化していくことを指導してきました。

知識及び技能

3 我が国の言語文化

〔知識・技能〕　　　　　　　　　　　　　　　　　　　　　　評価のチェックポイント

- ●古典について解説した文章を読んだり、作品の内容の大体を知ったりすることを通して、昔の人の見方や感じ方を理解しているか？

- ●語句の由来などに関心をもつとともに、時間の経過による言葉の変化や世代による言葉の違いに気づき、共通語と方言との違いを理解すること、また、仮名及び漢字の由来、特質などについて理解しているか？

- ●（ア）文字の大きさや配列、書く速さを意識して書いているか。（ウ）目的に応じて筆記具を選び、その特徴を生かして書いているか？

- ●日常的に読書に親しみ、読書が、自分の考えを広げることに役立つことに気づいているか？

◎ 古文や漢文を声に出して読むことで、心地よい響きやリズムを味わうとともに、昔の人の見方や感じ方を理解することができました。

◎ 毛筆では、文字の大きさや配列などをバランスに注意して書くことができました。また、書く速さにも注意して丁寧に書くことができました。

○ 短歌や俳句の学習に興味をもち、五七のリズムを知り、内容もとらえて音読することができました。また、図書室から古文や漢文の本を借りてきて読む姿も見られました。

○ 同じ日本の中でも、地域による言葉の違いや全国共通で使える言葉があることに気づきました。教科書に例示されている言葉を声に出して読むことで、

共通語があることのよさについて考えていました。

△ 詩に関心をもって学習することができました。短歌、俳句などの表現にも興味をもち、音読することでリズムや日本語の言葉の響きの美しさを感じられるように励ましてきました。

△ 短歌の学習では、みんなの前で自分の作品を読み上げることができました。言葉の響きやリズムにも、少しずつ慣れてきています。

〔主体的に学習に取り組む態度〕　　　　　　　　　　評価のチェックポイント

● 進んで、語感や言葉の使い方に対する感覚を意識し、俳句に親しもうとしているか?

● 古文や漢文、近代以降の文語調の文章を読み、言葉の響きやリズムに親しもうとしているか?

● 日常的に読書に親しみ、読書が自分の考えを広げることに役立つことを知ろうとしているか?

◎ 古文や漢文を声に出して読むことで、心地よい響きやリズムを味わうとともに、進んで昔の人の見方や感じ方に親しむことができました。

○ 短歌づくりでは感じたことや想像したことをもとに、読み手に情景が伝わるように作品を仕上げていました。

△ 季節の俳句づくりの学習では、みんなの前で自分の作品を読み上げることができました。言葉の響きやリズムに粘り強く学習し、少しずつ慣れてきています。

A 話すこと・聞くこと

[思考・判断・表現]　　　　　　　　　　　　　　評価のチェックポイント

- ●目的や意図に応じて、話題を決め、集めた材料を分類したり関係付けたりして、伝え合う内容を検討しているか？

- ●話の内容が明確になるように、事実と感想、意見とを区別するなど、話の構成を考えているか？

- ●資料を活用するなどして、自分の考えが伝わるように表現を工夫しているか？

- ●話し手の目的や自分が聞こうとする意図に応じて、話の内容をとらえ、話し手の考えと比較しながら、自分の考えをまとめているか？

- ●互いの立場や意図を明確にしながら計画的に話し合い、考えを広げたりまとめたりしているか？

◎　話の構成を工夫し、効果的な話し方ができています。学級全体がその話に聞き入ることも多くあり、みんなの学びが深まりました。

◎　自分の考えが伝わるように、集めた資料をうまく関係付けながら分かりやすくまとめることができました。聞き手に応じて資料の提示も工夫することができました。

○　説明文の学習後の○○発表会では、友達の話を自分の考えと比べながら聞いたり、適切な質問をしたりしていました。また、発表する際は自分の考えの説明に必要な資料を使って話すこともできました。

○　授業での発言は、目的に応じて伝えたい事柄をしっかりと話しています。後は、より詳しく話すことで、分かりやすく伝えられるように声かけをしてきました。

△　話の組み立てを考えて、自分の伝えたいことを話すことができました。次は、話し手が伝えたいことは何かを考えながら、しっかりと聞き取ることも大切にできるように指導をしてきました。

△ 友達に説明を受けながら、学級での話合い活動に参加し、自分の考えをもとうとしています。話合いの後に自分の考えを書いて残していくと、今後の発言につながることを指導しました。

〔主体的に学習に取り組む態度〕　　　　　　　　　　　評価のチェックポイント

●粘り強く話の構成を考え、学習の見通しをもって、意見しようとしているか?

●進んで目的や意図に応じて、話題を決め、学習の見通しをもって必要な情報を集めようとしているか?

●粘り強く伝え合う内容を検討し、学習の見通しをもって考えを伝えようとしているか?

教科
国語

◎ グループ学習の中心になって話を進め、話合い活動では話し手の意図を考えて答えたり、話したりする姿が見られ素晴らしかったです。

○ 読んで感じたことを話し合う活動では、友達の話を積極的に聞いています。話を聞くことで、自分の考えを広げていこうとしていました。

△ 話合いの時に、内容が明確になるように発言していました。進んで話し手の思いを考えたり、意図を聞き取ったりして自分の考えがまとめていけるように助言しています。

思考力・判断力・表現力等　　B 書くこと

〔思考・判断・表現〕	評価のチェックポイント

●目的や意図に応じて、感じたことや考えたことなどから書くことを選び、集めた材料を分類したり関係付けたりして、伝えたいことを明確にしているか？

●筋道の通った文章になるように、文章全体の構成や展開を考えているか？

●目的や意図に応じて簡単にしたり詳しくしたりするとともに、事実と感想、意見とを区別したりするなど、自分の考えが伝わるように書き表し方を工夫しているか？

●引用したり、図表やグラフなどを用いたりして書いているか？

●文章全体の構成や書き表し方などに着目して、文や文章を整えているか？

●文章全体の構成や展開が明確になっているかなど、文章に対する感想や意見を伝え合い、自分の文章のよいところを見つけているか？

◎　自分の考えが読み手に正しく伝わるように、集めた材料を分類したり関係付けたりして書く事柄を整理していました。また、文章の書き出しを工夫し、構成も考えて、効果的に書くこともできました。

◎　資料を用いて説明する学習では、読み手を意識した、効果的な文章構成を考えて書くことができました。○○さんの○○を説明する文はとても素晴らしく、クラスで評判になりました。

○　短歌づくりでは感じたことや想像したことをもとに、読み手に情景が伝わる作品を仕上げました。

○　説明文の学習で、筆者が自分の主張と事実をどのように書き分けているかを知り、自分の意見文を書く際に生かすことができました。

△　教科書にある書き方を参考にして、書くことができるようになってきました。自分で書きたいことを見つけ、構成を考えて書けるように指導してきました。

△　時間をかけながら、事実を整理して書くことができるようになってきました。今後は、文と文を分かりやすくつなげて書いていくことが課題となるので、繰り返し指導してきました。

〔主体的に学習に取り組む態度〕　　　　　　　　　　　　　　評価のチェックポイント

●粘り強く文章全体の構成や展開を考え、学習の見通しをもって事象を説明する文章を書こうとしているか?

●粘り強く書き表し方に着目して文を整え、今までの学習を生かして短歌や俳句をつくろうとしているか?

●粘り強く、伝えたいことを明確にし、学習の見通しをもって感じたり考えたりしたことについて文章を書こうとしているか?

◎　毎日日記を続けていることからも、書くことに対してとても意欲的なことが伝わってきます。その内容も構成や表現の仕方が工夫されていて素晴らしいです。

○　説明文の学習で、自分の意見を明確にしていく書き表し方を学び、○○の意見文を書く時に生かして書こうとしていました。

△　教師と一緒に長い文章を書こうとしています。書こうとする意欲は見受けられますので、書くことに楽しさが見つけられるように励ましてきました。

思考力・判断力・表現力等　　C **読むこと**

```
┌─────────────────────────────────────────────────────────────┐
│〔思考・判断・表現〕                          評価のチェックポイント│
│                                                              │
│ ●事実と感想、意見などとの関係について叙述をもとに押さえ、文章全体の構成を│
│   とらえて要旨を把握しているか？                               │
│                                                              │
│ ●登場人物の相互関係や心情などについて、描写をもとにとらえているか？  │
│                                                              │
│ ●目的に応じて、文章と図表などを結び付けるなどして必要な情報を見つけたり、論│
│   の進め方について考えたりしているか？                          │
│                                                              │
│ ●人物像や物語などの全体像を具体的に想像したり、表現の効果を考えたりしてい│
│   るか？                                                      │
│                                                              │
│ ●文章を読んで理解したことに基づいて、自分の考えをまとめているか？  │
│                                                              │
│ ●文章を読んでまとめた意見や感想を共有し、自分の考えを広げているか？ │
└─────────────────────────────────────────────────────────────┘
```

◎　休み時間でも読書に没頭する姿が見られました。読むことに慣れ、文章全
　　体の構成をとらえる力は、授業でも友達の読みに大きな影響を与えています。

◎　「○○」の物語文を読み、主人公の心情を描写をもとに想像し、優れた叙
　　述に着目しながら自分の考えをまとめました。

○　「○○」の説明文では、文章の構成を考えながら筆者の言いたいことを確
　　実に読み取ることができました。

○　文章の内容を読み取ることは十分にできます。細かな描写にも着目して表
　　現の効果を考えながら読んでいます。読むことを通して感動したりユーモア
　　を感じたりして、作者のメッセージを受け止められるようになりました。

△　友達の話を聞きながら、何度も文章を読み返すことで、自分の考えをもて
　　るようになってきました。その考えをもとに友達と話し合う活動を通して、思
　　いを広げていけるように指導してきました。

△ 「○○」の物語文では、登場人物の気持ちを考えたり、描写に気をつけたりして読むことができるようになってきました。これからは自分の読みを友達と共有し、考えを広げていけるように支援してきました。

［主体的に学習に取り組む態度］　　　　　　　　　　　評価のチェックポイント

●粘り強く、論の進め方について考え、学習の見通しをもって分かったことや考えたことを文章にまとめようとしているか?

●進んで物語の全体像を具体的に想像し、学習の見通しをもって考えたことを文章にまとめようとしているか?

●進んで文章を読んでまとめた意見や感想を共有し、学習課題に沿って考えたことを報告しようとしているか?

◎ 1人読みで読み終えた後に自分の考えをきちんと整理できました。意見や感想を交流し共有することで、自分の考えと相手の考えとを比べ、登場人物への思いを感想として振り返ることができました。

○ 長い物語文でも、関心をもちながら楽しそうに読む姿が見られました。内容について感じたことを友達と語り合っていました。

△ ○○の物語文を読み、自分なりの感想をもつことができました。感想交流で自分の思いを伝え、進んで友達の考えを聞こうとする姿勢があるとよいです。

社会〈5年〉

1 我が国の国土の様子と国民生活

〔知識・技能〕　　　　　　　　　　　　　　　　　　評価のチェックポイント

- ●世界における我が国の国土の位置、国土の構成、領土の範囲などを大まかに理解しているか？

- ●我が国の国土の地形や気候の概要を理解するとともに、人々は自然環境に適応して生活していることを理解しているか？

- ●地図帳や地球儀、各種の資料で必要なことを調べ、まとめる技能を身につけているか？

◎ 自然条件に特色のある地域の人々が、どのようにその条件を生かしたり克服したりしているかについて、的確に整理し、理解することができました。

◎ 日本の領土や領海、排他的経済水域の範囲をおおまかに理解し、それらをめぐる課題があることを把握しました。

○ 日本は山がちな地形で中部地方に高い山があることや、日本の川は短く流れが急で、大きな川の下流に平野が広がっていることを理解しました。

○ 沖縄県では、暖かいところで収穫できる農作物だけでなく、出荷時期をずらして菊をつくっていることを理解することができました。

△ 日本の白地図を地形別に色分けしていく作業を最後までやり遂げることができました。地図帳を丁寧に見て作業をすれば、完成された地図から、日本の国土の特徴をたくさん見つけることができるということを指導しました。

△ 北海道の気候から冬の寒さについて理解しました。さらに、寒さや雪に備えて暮らす人々の工夫や努力についての資料を読み取れるように指導してきました。

〔思考・判断・表現〕   評価のチェックポイント

●世界の大陸と主な海岸、主な国の位置、海洋に囲まれた多数の島からなる国土の構成などに着目し、我が国の国土の様子をとらえ、その特色を考え、表現しているか？

◎ 学習したことを関連付けながら、各地の気候が、国土の中の位置や地形、台風や季節風などの影響を受けていることを考え、適切に説明することができました。

◎ 台風や暑さに備えた家のつくりや水不足に対する備えなど、沖縄県の人々が気候に合わせて工夫して暮らしていることを考え、適切にまとめることができました。

○ 火山活動や梅雨、台風などの日本の気候の特色と人々の暮らしについて考え、説明することができました。

○ 調べた地域の様子をもとに、自然条件と暮らしや産業との関係について考え、まとめることができました。

△ 暖かい地域と寒い地域、高地と低地との違いについて考えることができました。さらに、自然条件の特色と暮らしや産業との関係について考え発表できるよう指導しました。

△ 自然や気候、文化、歴史などが沖縄県の魅力になっていることについて考えることができました。また、それらが観光客の多さと密接な関連があることを考え、表現できるように指導してきました。

〔主体的に学習に取り組む態度〕　　　　　　　　　　評価のチェックポイント

●我が国の国土の様子と国民生活について、主体的に問題を解決しようとしているか？

◎ 日本各地の気候の違いの原因について予想を話し合い、それをもとに主体的に追究しようとする姿が見られました。

◎ 低い土地の暮らしについて、予想や学習計画を立てたり、見直したりして、主体的に学習問題を追究し、解決しようとしていました。

○ 日本の白地図を地形別に色分けしていく活動に熱心に取り組むなど、日本の気候や地形の特色などについて、進んで調べようとしていました。

○ これまでの学習を振り返り、予想と異なったことや新たに気づいたことなどを話し合うことにより、さらに自分の考えを深めようとしていました。

△ 日本の国土の自然環境の特色に関心をもつことができました。さらに、そ

の特色と国民生活との関連についても意識を向けることができるように声を
かけてきました。

△ 暖かい地域の暮らしの様子について、友達の調べたことを聞き、分かった
ことや感想などを発表することができました。今後は自分から積極的に調べ
られるような力をつけさせたいと考えています。

2 我が国の農業や水産業における食料生産

〔知識・技能〕　　　　　　　　　　　　　　　　　　　　評価のチェックポイント

●我が国の食料生産は、自然条件を生かして営まれていることや、国民の食料
を確保する重要な役割を果たしていることを理解しているか？

●食料生産に関わる人々は、生産性や品質を高めるよう努力したり輸送方法や
販売方法を工夫したりして、良質な食料を消費地に届けるなど、食料生産を
支えていることを理解しているか？

●地図帳や地球儀、各種の資料で調べ、まとめているか？

◎ 産地について、地図帳や様々な資料を関連付けて調べ、野菜や果物、畜
産物を生産する産地は、自然環境と深い関わりをもって営まれていることを
理解することができました。

◎ 輸入食料に対する安全性への不安や食料不足、環境などの問題を、グラ
フや新聞記事、写真などから、必要な情報を読み取ることができました。

○ 魚の習性を生かしながら、まきあみ漁という方法で魚をとっていることや、
水産業が自然条件に左右される仕事であることなど、働く人々の工夫や努
力について理解しました。

○ 集めた米袋などを白地図に貼ったり、地図資料を読み取ったりし、国内の
米の主な産地の分布についてとらえることができました。

△ グループでの話合いや資料を通して、日本の食糧生産は輸入に頼っていることが分かりました。さらに、食料を安定して確保するためには、自給率を高めることが大切であることなども理解できるよう助言しました。

△ 外国からの食料の輸入についての資料を提示すると、そこから気づいたことを見つけることができました。自分から必要な資料を探せるように声をかけてきました。

[思考・判断・表現]　　　　　　　　　　　　　　　　評価のチェックポイント

●生産物の種類や分布、生産量の変化、輸入など外国との関わりなどに着目して食料生産の概要をとらえ、食料生産が国民生活に果たす役割を考え、表現しているか？

◎ 米づくりが改善されてきた様子に着目し、昔より時間をかけずに多くの米を生産できるようになった理由について、根拠をもって予想し、まとめることができました。

◎ これからの日本の食料生産の在り方について、生産者と消費者の立場でそのよさを考え、自分たちはどう行動すればよいのかについて話し合い、考えを深めることができました。

○ 水産業に関わる様々な人々の工夫や努力について整理したことを総合して、品質や安全性に配慮していること、様々な変化や課題に対応しようとしていることなどを考え、発表しました。

○ 農業をする人の高齢化の問題にこだわりをもち、授業中にも積極的に自分の考えを発言する姿が見られました。

△ 友達の話を聞きながら、分かったことをノートにまとめることができました。自分の考えや感想なども少しずつ長く書けるように指導しているところです。

△ 日本の稲作が盛んなわけを考えることができました。さらに、米づくりの仕事の手順も調べて、農家の人々が大変な仕事をしていることにも意識を向けられるよう指導していきます。

〔主体的に学習に取り組む態度〕　　　　　　　　　　評価のチェックポイント

●我が国の農業や水産業における食料生産について、主体的に問題を解決しようとしたり、その発展について多角的に考えようとしたりしているか？

◎ クラスで出された学習問題や自分の疑問を解決するために、実際に漁港までインタビューに行くなどしながら積極的に調べ、学習を進めることができました。

◎ 米の生産量や作付面積の資料などから、盛んにつくられている○○平野について学習問題をもち、主体的に追究しようとしていました。

○ 図書室の本やインターネットなどを使いながら、日本の農業の特徴について調べ、これからの米づくりに対する自分の考えを多角的にまとめようとしていました。

○ 安全で質の高い水産物をこれからも生産し続けるために大切なことについて、自分の考えをもち、まとめようと取り組んでいました。

△ 日本の水産業に関心をもつことができました。さらに、そこで働く人々の仕事や願い、生産地と消費地を結ぶ運輸の働きにも意識を向けることができるように指導してきました。

△ 友達の調べたことを聞きながら、分かったことや感想などを発表することができました。さらに、自分から積極的に調べられる力をつけていくよう指導してきました。

3 我が国の工業生産

◎　日本の工業製品の輸入から輸出までの大まかな流れを図に整理し、貿易や
　　運輸が工業生産を支える重要な役割を果たしていることをとらえることがで
　　きました。

◎　自動車工場の見学を通して、エアバッグや衝突実験など、安全な自動車の
　　研究・開発が行われていることを知り、すべての人が利用できるよう、人
　　にやさしい自動車の開発が行われていることを理解することができました。

○　中小工場の優れた技術や豊富なアイデアを生かした生産の様子、生産を
　　続けていこうとする人々の思いについて、複数の資料から読み取ることがで
　　きました。

○　日本の工業が盛んな地域は、太平洋の海沿いに工業地帯や工業地域とし
　　て広がり、それらが帯として集まっている地域が太平洋ベルトであることを
　　とらえることができました。

△　工場見学では、機械ロボットが溶接していることなど、いろいろな発見をす
　　ることができました。その場限りの気づきで終わらせず、問題意識をもち
　　続けていけるように指導してきました。

△　資料や地図から、工業の盛んな地域の様子を調べることができましたので、
　　次は「自分たちの生活と工業のことを関係付けて考えてみよう」とアドバイス
　　しました。

◎　自動車の生産や輸送、開発に携わる人々の工夫や努力について整理したことを総合して、社会に必要とされる製品や優れた製品を消費者に届けようとしていることなどを考え、適切にまとめることができました。

◎　日本の工業は、貿易や運輸によって支えられ、加工貿易という形で発達してきたことや貿易によって世界の国々と結びつきがあることを関連付けて考え、発表することができました。

○　関連工場が効率的な仕組みのもとで、部品を自動車工場へ供給することで、品質の高い、無駄のない自動車の生産が実現していることを考え、自動車工場と関連工場との結びつきを模造紙に表しました。

○　「自動車工場の立地条件を考える」という自分の問題をもって、工場見学をしたり、気づいたことをノートにまとめたりすることができました。

△　日本の工業生産と国民生活との関係について、資料を見たり友達の意見を聞いたりしながら、考えをまとめることができるように一緒に学習してきました。

△　自動車づくりに関心がありました。さらに自分の問題をしっかりともって、自動車工場の見学や調べ学習ができるように励ましてきました。

◎ 身の回りにある工業製品を話し合うことにより、工業生産と私たちの暮らしに関心をもち、日本でつくられている工業製品や工業の種類について意欲的に調べようとしていました。

◎ 自動車の輸出や原油の輸入の現状から、日本と外国との貿易関係について疑問をもって予想し、それをもとに学習計画を立て、主体的に追究しようとする姿勢が見られました。

○ 近くの工場でつくられている部品にこだわりをもち、その品質と工夫について積極的に自分の考えを発言する姿が見られました。

○ 教科書や資料集、工場見学の時の資料などを用いながら、日本の自動車生産について意欲的に調べることができました。

△ 自動車工場の写真などを見て、おおまかな工場見学の計画を立てることができました。さらに、見学のポイントをしっかりと押さえられるように指導してきました。

△ 提示された資料を見たり、友達の話を聞いたりしながら、日本の工業生産について調べようとしていました。さらに自分から進んで取り組めるように指導を繰り返してきました。

4 我が国の産業と情報との関わり

〔知識・技能〕 評価のチェックポイント
●我が国の産業と情報との関わりについて、放送、新聞などの産業が国民生活に大きな影響を及ぼしていることなどを理解しているか？ ●聞き取り調査や映像、新聞など、各種の資料で必要なことを調べ、適切にまとめる技能が身についているか？

◎　放送局の人々の工夫や努力について整理し、マスメディアの情報が人々の
　　生活に与える影響が大きいことや、その責任を感じ、重要な情報をより多
　　くの人々にできるだけ早く、正確に伝えようとしていることを理解することが
　　できました。

◎　商店で集めている情報の種類や量、情報が集まる仕組みやその流れにつ
　　いて、資料から大まかに読み取り、この仕組みによって便利になっている
　　点をとらえることができました。

○　新聞ができるまでを調べ、正確な情報を早く読者へ届けるために、多くの
　　人が関わって新聞がつくられていることを理解しました。

○　観光の分野でICTや大量の情報を活用しようとする動きがあることを、複数
　　の資料から読み取り、その意味についてとらえることができました。

△　新聞ができるまでの仕事の内容を理解しました。さらに、自分たちの暮らし
　　と新聞との関わりについても考え、情報の活用について理解できるように励
　　ましてきました。

△　コンビニエンスストアで売られている商品をたくさん挙げることができました。
　　さらに、種類だけでなく、仕入れる商品の数や売上予測情報などにも着目
　　して調べられるように声をかけてきました。

〔思考・判断・表現〕　　　　　　　　　　　　　　評価のチェックポイント

●情報を集め発信するまでの工夫や努力などに着目して、放送、新聞などの産
　業の様子をとらえ、それらの産業が国民生活に果たす役割を考え、表現して
　いるか？

◎　○○をつくる会社と△△をつくる会社での売上予測情報の活用を比較して、
　　それらを活用する上で大切なことについて考え、適切にまとめることができ
　　ました。

◎ 情報社会についての様々な問題から、これからインターネットを使う際に情報をどのように取り扱えばよいのか、様々な角度から考えることができました。

○ 同じ題材を扱った新聞記事でも紙面によって受ける印象が異なるという点から、発信する側の意図が含まれていることに気づき、そのことを友達にしっかりと伝えていました。

○ ニュース番組の報道について調べ、情報を生かして暮らしを高めていくために大切なことは何かを考えることができました。

△ ニュース番組製作の活動では、友達と協力しながら取り組むことができました。誰に何を伝えたいのか、どんな番組にするのかという企画がもう少し具体的になっていれば、さらにインパクトのある番組になると助言してきました。

△ 自分たちの暮らしが情報によって支えられていることを調べることができました。さらに、正しい情報の利用の仕方についても考え、判断し、まとめられるように声をかけてきました。

［主体的に学習に取り組む態度］　　　　　　　　評価のチェックポイント

●我が国の社会の情報化と産業の関わりについて、主体的に問題を解決しようとしたり、よりよい社会を考え、学習したことを社会生活に生かそうとしているか？

◎ 情報社会のよさと課題について話し合ったことをもとに、これからの社会で情報を生かすために大切なことを、産業と国民の立場から進んで考えていこうという姿が見られました。

◎ テレビ局のニュース番組の重要性や、番組製作に関わる人々の努力を意欲的に調べることができました。調べた内容をニュース番組形式でタブレット端末で撮影して発表するなどの工夫も素晴らしかったです。

○ 「天気予報」に関心をもち、気象情報がどのように伝えられているのかを調べて、自分たちの暮らしとの関わりについて考えようとしていました。

○ 情報社会に生きる自分たちの暮らしに関心をもち、どのような情報を、どのような方法で手に入れているのかを意欲的に追究しようとしていました。

△ 友達と協力しながらインターネットを使って情報を集め、新聞にまとめることができました。さらに、自分から積極的に調べたり、より分かりやすい表現を心がけたりできるよう指導してきました。

△ 放送局のニュース番組づくりについて関心をもつことができました。さらに、ニュース番組が放送されるまでの仕事についても追究できるよう指導してきました。

5 我が国の国土の自然環境と国民生活との関連

〔知識・技能〕　　　　　　　　　　　　　　評価のチェックポイント

● 自然災害は国土の自然条件などと関連して発生していることや、自然災害から国土を保全し国民生活を守るために、国や県などが様々な対策や事業を進めていることを理解しているか？

● 関係機関や地域の人々の様々な努力により、公害の防止や生活環境の改善が図られてきたことを理解するとともに、公害から国土の環境や国民の健康な生活を守ることの大切さを理解しているか？

◎ 国産木材の利用量を増やすための取組を調べ、国産木材を積極的に利用することは、林業を活性化させ、日本の人工林を守ることにつながることを理解することができました。

◎ 大震災発生直後の人々の暮らしの様子を調べ、自然災害が発生すると、大切な人を失うことや、住居やプライバシー、ライフラインの確保など、困難な生活を余儀なくされるため、人々の協力が不可欠であることをとらえることができました。

○ 市民・市・工場それぞれが公害をなくすために果たした役割を資料から調べ、地域で一体となって努力を重ねたことが環境の改善につながったことをとらえていました。

○ 自然環境と生活との結びつきを複数の資料から読み取り、健康に過ごせる環境を守り続けていくためには、その中で暮らす1人1人の協力が大切であることをとらえることができました。

△ 自然災害の種類ごとに、被害の様子や発生場所を資料から読み取ることができました。自然災害の広がりや国土の自然条件との関連性に着目すると、より理解が深まることを指導してきました。

△ 森林の育成・活用につながる取組に様々な立場の人々が関わっていることを知りました。さらに、自分たちの生活や産業の様々な場面で森林とのつながりが見られることを意識できるように声をかけてきました。

［思考・判断・表現］　　　　　　　　　　　　　評価のチェックポイント

● 災害の種類や発生の位置や時期、防災対策などに着目して国土の自然災害の状況をとらえ、自然条件との関連を考え、表現しているか？

● 森林資源の分布や働きなどに着目して、国土の環境をとらえ、森林資源が果たす役割を考え、表現しているか？

● 公害の発生時期や経過、人々の協力や努力などに着目して、公害防止の取組をとらえ、その働きを考え、表現しているか？

◎ 森林の働きや森林を守る人々の取組を図などに整理し、森林保全につながる取組の中で自分にも協力できそうなことを選択・判断し、意見を適切に

伝え合うことができました。

◎ 間伐をしていない人工林と、間伐をしている人工林を調べ、手入れをしない人工林が増えると、国土の保全や水源の涵養などの森林の働きが弱まり、私たちの暮らしにも影響が出ることを考え、それを分かりやすく発表することができました。

○ 公害に苦しむ人たちや関係した人たちの取組を調べ、当時の人々の思いを考え、まとめることができました。

○ 調べたことを整理して公害防止や環境改善の取組の重要性をとらえ、環境を守るために自分たちができることや、環境保全により多くの人が関わるために大切だと思うことを考え、まとめることができました。

△ 日本の各地で様々な自然災害が繰り返し発生していることを調べることができました。さらに、大規模な自然災害から国民の命や生活を守る取組について考えられるように声をかけてきました。

△ 国土に占める森林の多さや、森林が防災面で果たす役割を知りました。さらに、森林と自分たちの生活との関わりについて具体的に考えられるように指導をしてきました。

〔主体的に学習に取り組む態度〕　　　　　　　　　　　　　　評価のチェックポイント

●我が国の国土の自然環境と国民生活との関連について、主体的に問題を解決しようとしたり、よりよい社会を考え、学習したことを社会生活に生かそうとしたりしているか。

◎ 戦後の暮らしや環境に関わる年表を調べることで、暮らしが豊かになったものの様々な環境問題などが起こっていることに関心をもち、公害や環境問題、自然災害について意欲的に調べていました。

◎ 私たちの生活は森林と関わりがあることをとらえ、森林には天然林と人工林があることや、人工林が増加してきたことなどから学習問題をもち、進んで追究することができました。

○ これまでの学習を生かして、森林保全につながる取組の中で自分にも協力できそうなことを選択・判断し、意欲的に考えようとしていました。

○ 大規模な自然災害から国民の命や生活を守る取組について予想し、それをもとに学習計画を考え、主体的に追究しようとしていました。

△ ○○○市の環境の変化について資料から読み取ることができました。さらに、読み取ったことをもとに、生活環境を守る取組について学習計画を立てられるように指導してきました。

△ 国土の自然災害の状況と国民生活との関連について学習計画を立てました。予想を大切にし、予想と実際との相違点を考えられるように一緒に学習を進めてきました。

社会〈6年〉

指導要録の観点とその趣旨	
観点	趣旨
❶知識・技能	●我が国の政治の考え方と仕組みや働き、国家及び社会の発展に大きな働きをした先人の業績や優れた文化遺産、我が国と関係の深い国の生活やグローバル化する国際社会における我が国の役割について理解しているとともに、地図帳や地球儀、統計や年表などの各種の基礎的資料を通して、情報を適切に調べまとめている。
❷思考・判断・表現	●我が国の政治と歴史及び国際理解に関する社会的事象の特色や相互の関連、意味を多角的に考えたり、社会に見られる課題を把握して、その解決に向けて社会への関わり方を選択・判断したり、考えたことや選択・判断したことを説明したり、それらを基に議論したりしている。
❸主体的に学習に取り組む態度	●我が国の政治と歴史及び国際理解に関する社会的事象について、我が国の歴史や伝統を大切にして国を愛する心情をもち平和を願い世界の国々の人々と共に生きることを大切にする国家及び社会の将来の担い手として、主体的に問題解決しようとしたり、よりよい社会を考え学習したことを社会生活に生かそうとしたりしている。

1 我が国の政治の働き

〔知識・技能〕　　　　　　　　　　　　　　　　評価のチェックポイント

●日本国憲法と我が国の政治や国民生活との関わりについて、憲法の基本的な考え方をつかみ、我が国の民主政治は、日本国憲法の基本的な考え方に基づいていることを理解しているか？

●見学・調査したり各種の資料を効果的に活用したりして調べ、調べたことや考えたことをまとめているか？

◎ 模擬住民投票の経験から住民と政治との関わりを知り、誰もが安心して生きがいのある生活を送るために、政治は大切な働きをしていることをとらえることができました。

◎ 基本的人権について調べ、日本国憲法が決して外国と戦争をしないと定め、歴史に学び平和な社会を実現しようとしていることを理解することができました。

◯ 日本国憲法前文の内容を読み、日本の民主政治は、日本国憲法の基本的な考え方である国民主権と深く関わっていることを理解しました。

◯ 税金の集められ方や使われ方を調べ、税金の役割や暮らしとの関わりをとらえることができました。

△ 政治の仕組みの学習では、資料のどこに自分が調べたいことがのっているのか悩んでいるようでした。索引から探したり、友達と一緒に調べたりして内閣の仕組みと役割を理解することができるように声をかけてきました。

△ 教師の支援や友達の助言をもとに調べ学習を行うことで、日本国憲法の基本的な考え方が理解できました。さらに、自分たちの暮らしに関連付けてとらえられるよう指導しました。

〔思考・判断・表現〕 　　　　　　　　　　　　　評価のチェックポイント

●日本国憲法の基本的な考え方や国の政治、国民生活との関わりについて、各種の資料を効果的に活用するとともに、調べたことや考えたことなどを、目的に応じた方法で分かりやすくまとめているか？

◎ オリンピック・パラリンピックの歴史や開催地、選手の思いについて調べ、スポーツを通して互いに理解し合い、平和な世界を実現しようという意義について考え、まとめることができました。

◎　日本国憲法や政治の働きと、自分たちの暮らしを関連付け、国民と政治の関わりについて考え、発表することができました。

○　高齢者疑似体験を政治の学習で行いました。その経験から自分たちの住んでいる町にも高齢者や車椅子を使う人に不便なところがあることに気づき、よりよい町づくりについて自分の提案を考えることができました。

○　住民の願いをかなえる区の果たす役割について、写真やグラフなどの資料を関連付けて考えていました。

△　与えられた課題について、資料を使って調べることができました。「なぜそういう仕組みになっているのか」「自分だったらこうする」といった自分の考えがもてるように声をかけてきました。

△　暮らしと政治との関係について友達と一緒に調べ、感想や自分の考えをもとうと努力することができました。

［主体的に学習に取り組む態度］　　　　　　　　　　　評価のチェックポイント

●日本国憲法に基づく国の在り方や政治の仕組みについて、主体的に問題を解決しようとしたり、よりよい社会を考え学習したことを社会生活に生かそうとしたりしているか？

◎　日本国憲法についての学習では、難しい言葉でも意味が分かるまで、辞書や資料を使って調べていました。学習内容の把握を確かなものにしようと根気強く取り組む態度はクラスの手本となりました。

◎　人々の願いが政治の働きと結びつきがあることに気づき、政治に関わりのありそうな法やきまり、新聞記事などを集め、進んで発表していました。

○　税金について関心を示し、税金の使われ方や国会での予算の立てられ方などについて、よく教師に質問していました。また、私たちが納めた税金を

無駄なく使ってほしいと話していました。

○ 災害発生時の政治の働きについて学習問題をつくり、予想を立てて主体的
に追究しようとしていました。

△ 憲法や政治について今までにあまりなじみのない言葉が多く、初めは苦手
意識をもっていたようでしたが、学校の中の物や教科書にも税金が使われ
ていることを知り、税金の使われ方や役割に興味をもちました。

△ 政治の働きについて自分が調べたいことを明らかにし、学習問題に沿って、
友達と一緒に調べ学習を行いました。

2 我が国の歴史上の主な事象

[知識・技能]　　　　　　　　　　　　　　　　　　　　評価のチェックポイント

●日本の歴史上の主な事象を手がかりに、大まかな歴史を理解するとともに、
関連する先人の業績、優れた文化遺産を理解しているか?

●遺跡や文化財、地図や年表などの資料で調べ、まとめているか?

◎ ○○遺跡の見学や資料から、米づくりの広まりとともに人々の暮らしや関係
が変化し、国土が統一されていったことについて理解し、まとめることがで
きました。

◎ 鎌倉幕府の成立の経緯や幕府と御家人の関係についてよく調べ、幕府の
政治の仕組みを理解することができました。

◎ 日本国憲法や様々な改革の内容をつかみ、戦後、日本が民主的な国家を
目指してきたことをよくとらえています。

○ 調べ学習を行うことで、大昔から江戸時代までの様子がとらえられました。
特に、室町時代の文化の特徴やそれらの文化が現代まで受け継がれてい

ることについて理解していました。

○ 日清・日露、2つの戦争の経緯や結果から、日本と世界の国々との関係が
どのように変化していったかをとらえることができました。

△ 歴史の学習では教科書や資料集を使って学習問題を解決しています。資料
を読み取る力もつき、調べ方も効率的になってきました。さらに自分が調べ
たことを、分かりやすく丁寧にまとめられるように指導を繰り返してきました。

△ 教師の支援や友達の助言をもとに、調べ学習を行うことで、大昔から江戸
時代までの様子が理解できました。さらに、当時の人々の願いを自分の考
えでまとめられるよう指導しました。

〔思考・判断・表現〕 　　　　　　　　　　　　　　　　評価のチェックポイント

●各時代の世の中の様子、人物の働きや代表的な文化遺産などに着目して、歴
史上の主な事象をとらえ、日本の歴史の展開を考えるとともに、歴史を学ぶ
意味を考え、表現しているか？

◎ ○○さんのノートや新聞には「なぜ?」とか「私は〜と思う」という言葉がよく
見られました。ただ資料を調べてまとめるのではなく、「調べたことからどん
なことが考えられるのか」を大切に、自分の考えを深めていることが分かり
ます。

◎ 信長・秀吉・家康、3人の武将の政治を比較し、それぞれの政治が全国
統一に果たした役割について関連付けて考え、発表していました。

○ ノルマントン号事件について調べその経緯に疑問をもち、不平等条約の改
正を願う人々の思いを考え、まとめることができました。

○ 戦後の出来事や社会の変化から、戦後の日本の政治や国民生活、国際社
会での役割を考え、発表していました。

△ 大名行列の様子について新聞にまとめました。「なぜ江戸幕府が参勤交代を命じたのか」など、疑問に思ったことや、調べた結果から分かったことなども記事にできるように指導を繰り返してきました。

△ 戦時中の暮らしと政治との関わりについて、友達と一緒に調べ、感想や自分の考え方をもちました。さらに、それをまとめるために粘り強く取り組めるように指導してきました。

[主体的に学習に取り組む態度]　　　　　　　　　　　　　評価のチェックポイント

●日本の歴史上の主な事象について、主体的に問題を解決しようとしたり、よりよい社会を考え学習したことを社会生活に生かそうとしたりしているか？

◎ 天皇を中心とした古代の日本の政治の仕組みについて、主体的に学習問題を追究し、解決しようとしていました。

◎ 写真や地図、グラフなどの資料を手がかりとして、不景気に陥る1930年当時の日本の様子を調べ、その後の日本の歩みについて意欲的に学習を進めることができました。

○ 調べたことをもとに、貴族が栄えたころの文化と今日の自分たちの暮らしや文化との関わりを考えようとしていました。

○ 戦後の主な改革について、資料から読み取るとともに、当時の人たちの新しい憲法への思いを進んで考えることができました。

△ 歴史上の人物の名前や出来事など今までにあまりなじみのない言葉が多く、初めは苦手意識をもっていた○○さんですが、○○古墳の見学で、少しずつ日本の歴史の学習に主体的に取り組めるようになりました。

△ 大昔から江戸時代までの様子について、学習問題に沿って、友達と一緒に調べ学習を行えるように励ましてきました。

3 グローバル化する世界と日本の役割

〔知識・技能〕　　　　　　　　　　　　　　　　　　評価のチェックポイント

● 日本と経済や文化などの面でつながりが深い国の人々の生活は、多様である
ことを理解するとともに、スポーツや文化などを通して他国と交流し、異な
る文化や習慣を尊重し合うことが大切であることを理解しているか？

● 日本は、平和な世界の実現のために国際連合の一員として重要な役割を果た
したり、諸外国の発展のために援助や協力を行ったりしていることを理解し
ているか？

● 地図帳や地球儀、各種の資料で調べ、まとめているか？

◎ 　国連憲章をもとに、国連の目的や安全保障理事会、ユニセフ、ユネスコの
働きについて調べ、世界の平和と国際協力を目指して活動する国際連合の
働きについて考え、まとめることができました。

◎ 　必要な資料や情報を集め、日本との共通点や相違点、つながりについて意
識しながら、アメリカの特色や文化について理解を深めることができました。

○ 　私たちの隣の国、中国に関心をもって調べていました。古くからの日本と中
国との関わりや、今の中国の発展や問題点について理解することができま
した。今後は韓国やインドについても調べていきたいと意欲をもっています。

○ 　地球環境問題を通して、国連が中心となって国やNGO、市民が協力して地
域の環境問題に取り組むことで、持続可能な開発が可能になることを理解
することができました。

△ 　国際連合の仕事について資料で調べることができました。難しい言葉を、
分かりやすい自分の言葉におきかえてまとめられるようになるように指導を
してきました。

△ 　調べ学習を行う中で教師の支援や友達の助言をもとに、世界と日本の関わ
りについて理解できるように支援してきました。

●外国の人々の生活の様子などに着目して、日本の文化や習慣との違いをとらえ、国際交流の果たす役割を考え、表現しているか？

●地球規模で発生している課題の解決に向けた連携・協力などに着目して、国際連合の働きや我が国の国際協力の様子をとらえ、国際社会において我が国が果たしている役割を考え、表現しているか？

◎　身近な生活や体験、既習事項などから問題をもち、日本と外国とのつながりや外国の人々の暮らしについて考え、適切にまとめることができました。

◎　互いの学習成果を交流し合い、異なる文化や生活習慣を尊重し合い、交流することの大切さを考え、発表することができました。

○　世界には様々な国があり、日本や自分たちの暮らしと関係をもっていることを考え、まとめていました。

○　スポーツを通した国際交流について調べ、どんな意義があるかを考えることができました。

△　世界と日本との関わりの中で、教師の支援や友達の助言をもとに資料を読み取りノートにまとめようとがんばっていました。

△　自分が興味をもった国について調べました。図書資料やインターネットを使って短い時間で調べることができましたので、「自分が調べた国と日本との違いや関わりについて考えてみよう」と助言しました。

●日本とつながりの深い国の人々の生活や国際社会における日本の役割について、主体的に問題を解決しようとしたり、よりよい社会を考え、学習したことを社会生活に生かそうとしたりしているか？

◎　戦争や紛争、飢えや病気に苦しむ人々の現状に問題意識をもち、国連やユネスコの活動を意欲的に調べ、自分と関わらせながら解決に向けて考えていました。

◎　「持続可能な開発目標（SDGs）」をもとに、自分に何ができるかを進んで考え、グループの中で発表し、意見を交流していました。

○　調べた国のことを振り返り、世界の人々の多様性について考えようとしていました。

○　既存の知識や地図の情報などから、日本人の活躍やその国の様子について考え、進んで調べていました。

△　日本と関わりの深いアメリカ合衆国について学習しました。アメリカについてはとても詳しくなった○○さんですので、さらに国際社会の中での日本の役割についても調べていけるよう指導していきます。

△　世界の中での日本の役割など、調べたいことを明確にして、調べ方やまとめ方の見通しをもって計画を立てるように支援してきました。

教科
社会〈6年〉

算数〈5年〉

指導要録の観点とその趣旨	
観点	趣旨
❶知識・技能	●整数の性質、分数の意味、小数と分数の計算の意味、面積の公式、図形の意味と性質、図形の体積、速さ、割合、帯グラフなどについて理解している。 ●小数や分数の計算をしたり、図形の性質を調べたり、図形の面積や体積を求めたり、表やグラフに表したりすることなどについての技能を身に付けている。
❷思考・判断・表現	●数とその表現や計算の意味に着目し、目的に合った表現方法を用いて数の性質や計算の仕方などを考察する力、図形を構成する要素や図形間の関係などに着目し、図形の性質や図形の計量について考察する力、伴って変わる二つの数量やそれらの関係に着目し、変化や対応の特徴を見いだして、二つの数量の関係を表や式を用いて考察する力、目的に応じてデータを収集し、データの特徴や傾向に着目して表やグラフに的確に表現し、それらを用いて問題解決したり、解決の過程や結果を多面的に捉え考察したりする力などを身に付けている。
❸主体的に学習に取り組む態度	●数学的に表現・処理したことを振り返り、多面的に捉え検討してよりよいものを求めて粘り強く考えたり、数学のよさに気付き学習したことを生活や学習に活用しようとしたりしている。

A 数と計算

〔知識・技能〕　　　　　　　　　　　　　　評価のチェックポイント

- ●整数や小数の10倍、100倍、1000倍、1/10倍、1/100倍した時の小数点の位置の移動の仕方を理解しているか？

- ●小数の乗法や除法についても整数の場合と同じ関係や法則が成り立つことを理解しているか？

- ●小数同士の乗法や除法の計算を行い、余りを求めているか？

- ●整数や小数を分数で表したり、分数を整数や小数で表しているか？

- ●整数を偶数と奇数に分類したり、倍数や約数の意味を理解し、求めたりしているか？

◎　小数同士のかけ算やわり算の計算方法をよく理解し、速く正確に計算することができました。整数、小数、分数の関係についても理解できています。必要に応じて表現を変え、数を扱うこともできています。

◎　整数、小数、分数の関係をよく理解しているので、整数や小数を分数で表したり、分数を小数や整数で表したりすることができました。

○　整数や小数の10倍、100倍、1000倍、1/10倍、1/100倍した時の小数点の位置の移動の仕方を正しく理解することができています。

○　小数同士のかけ算やわり算の筆算では、小数点の位置に気をつけながら、速く計算することができました。余りの出し方も正確でした。

△　小数同士のわり算では、小数点を移すのを忘れそのまま計算してしまうことがよくありました。解き終わった後に確認するよう声をかけると計算間違いが少なくなりました。

△　小数同士のかけ算では、意欲的に計算に取り組みました。わり算の筆算で、わり切れなかったり、桁数が多くなったりした時に、商を概数で表すことに

戸惑う様子が見られました。四捨五入の仕方を一緒に振り返ることで問題を解決してきました。

〔思考・判断・表現〕	評価のチェックポイント

●分数の意味や表現に着目し、加法や減法の仕方を考えているか？

●小数の乗法、除法の計算の仕方を考えたり、日常生活に生かしたりしているか？

●十進法の仕組みや表し方を利用し、問題を解決しているか？

●分数の大きさについて、数直線や線分図に表して考えているか？

◎ 小数のかけ算、わり算の計算の方法を進んで考えました。整数の時の計算の仕方をもとに考えることができると気づき、筋道を立てながら分かりやすく説明することができました。

◎ 等しい大きさの分数がたくさんあることに関心をもち、分数のつくり方を進んで考えました。分母と分子に同じ数をかければよいことに気づくと、数直線を使いながら分かりやすく説明することができました。

○ 組体操で、3人1組から4人1組に組替えする問題では、最小公倍数を見つけ、何人の時に成功するかを考えることができました。

○ 約分の学習では、等しい分数を考えた時のことを振り返りながら、逆転の発想をすることで約分の仕方を考え、理解していました。

△ 分母が違う等しい分数をイメージしにくいようでしたので、折り紙を折って確かめることで、等しい分数の意味を実感することができ、分数の考え方の正しい理解につながりました。

△ 小数の意味は理解できていますが、十進位取りにあいまいなところが見られます。今後の計算の基礎になる内容なので、小数点の移動の仕方を一緒に振り返り励ましながら練習問題に取り組みました。

●整数や小数、分数など、目的に合った表現方法を用いて計算する楽しさやよ
　さに気づき、よりよく問題を解決しようとしているか？

◎　小数や分数に興味をもち、その性質や特徴をとらえると学習や生活のどの
　　ような場面で役立つかを進んで考えました。小数で表し、計算することで
　　単位を変える必要がないことに気づくと進んで学習に生かしました。

◎　分数の通分に公倍数の考え方を生かせると考え、公倍数を学んだ時のノー
　　トを振り返りながら学習に役立てることができました。また、約分の仕方も
　　振り返り分数の計算でも役立てました。

○　分数のかけ算の仕方を理解すると、家庭学習で計算のポイントをノートにま
　　とめ直し復習することができました。学習を振り返り進んで理解を深めよう
　　とする態度に感心しました。

○　小数や分数で表すことのよさに気づき、進んで学習や生活に生かすことが
　　できました。

△　小数のかけ算では、計算ドリルの問題に進んで取り組みました。計算で正
　　答できなかったところを確認していなかったので、間違えたところこそ振り
　　返り復習することが大切だと励まし、指導しました。

△　整数でのかけ算やわり算では、計算の仕方をよく理解し、進んで計算する
　　ことができています。小数の意味や仕組みを振り返り、理解することで小
　　数同士の計算でも実力を発揮できるよう支援してきました。

教科
算数〈5年〉

B　図形

◎　合同な図形では、対応する辺の長さや角の大きさがすべて等しいという特徴を理解できています。辺や角の位置や大きさに注目し、合同な図形を3通りの方法で正確に作図することができました。

◎　三角形や平行四辺形など面積を求める公式の意味を正しく理解しています。公式を活用し、工夫することでいろいろな図形の面積を正確に求めることができました。

○　円周や直径と円周率の関係を正しく理解し、直径や半径から円周を求めることができました。

○　角柱や円柱に関心をもち、面や辺、頂点の数などの特徴を進んで調べました。また、よく観察したり、それぞれの辺の長さなどを調べたりして、見取り図や展開図をかくことができました。

△　文章問題では、三角形や平行四辺形の面積を進んで求めようとしていました。図から面積を求めようとする際に、高さについての認識に誤りがありました。もう一度学習を振り返り、確認できるように支援しました。

△　合同な図形を作図する際に、必要な条件について迷う場面が見られました。合同な図形の性質や特徴について振り返るように助言すると、ノートを見返したり、友達に教えてもらったりしながら図を最後までかくことができました。

●辺や角など図形を構成する要素に着目して、それらの関係を考察し、図形の性質について筋道を立てて説明しているか？

●図形を構成する要素などに着目して、基本図形の面積の求め方を見いだすとともに、簡潔かつ的確な表現で公式として導いているか？

◎　辺の長さや角の大きさに着目し、調べた特徴や性質をもとに合同な図形かどうか判断したり、作図に必要な条件やかき方を考え、工夫して分かりやすく説明したりすることができました。

◎　合同な三角形のかき方を振り返りながら、合同な四角形のかき方を進んで考えました。対角線を引き2つの三角形に分ければ、今まで学んだ方法で作図することができると発表することができました。

○　三角形の3つの角の大きさについて調べると、3つの角の和が180°になることに気づきました。他の三角形についても同じことが言えるかを調べ、確かめられると進んで発表していました。

○　直角三角形の面積の求め方を考える際に、学んだことを進んで生かそうとしていました。図形を切って移動させたり、同じ形をつなげたりして、長方形や正方形に変形することができれば面積を求めることができると考えました。

△　合同な図形の性質や特徴をなかなかとらえられずにいました。同じ形の三角形などを動かしながら見比べたり、重ねたりする操作を繰り返しながら考え、ぴったり重なることが「合同」だということを実感を伴ってとらえることができました。

△　三角形の面積の求め方を公式として覚え計算することができました。なぜそのような公式になるか、納得できていない様子でしたが、友達の説明を繰り返し聞くことで自分の言葉でも説明しようと試みることができました。

教科
算数〈5年〉

> ●図形の性質や特徴を調べたり、面積の求め方を考えたりする楽しさやよさに
> 気づき、生活や学習に活用することでよりよく問題を解決しようとしている
> か？

◎　台形の面積を求める場面では、進んで考えを説明していました。友達の考えもよく聞き、その共通点に目を向け、公式を導き出そうとしていました。

◎　多角形の面積を求める学習に楽しみながら取り組みました。複雑な多角形などを見つけると、対角線を引いたり、図形を分けて考えたり工夫して正確に面積を求めました。

○　平行四辺形や台形の面積を求める問題に進んで取り組みました。導き出した答えが、間違っていると気づくと納得するまで何度も解き直し、学習の理解を確かなものにしていました。

○　学習で円周率が出てくると、それを発見した人に興味をもち進んで調べました。円周率が永遠に続くことや何千年も昔にアルキメデスが発見したことに驚き、クラスの友達にも紹介する様子が見られました。

△　合同な図形を進んでかこうとする姿が見られました。定規や分度器をうまく使えず作図に難しさを感じていたので、励ましながら何度も一緒に練習しました。

△　円柱や角柱の学習では、面や辺、頂点の数などの特徴は理解していました。展開図をうまくかけない様子が見られたので、円柱や角柱の箱を切り開きそれを観察しながらかけるように支援しました。

C　変化と関係

●変わり方の特徴として、簡単な場合の比例関係を理解しているか？

●速さなど単位量あたりの大きさの意味や表し方について理解し、それを求める技能を身につけているか？

●百分率を用いた表し方を理解し、割合などを求めているか？

◎ 割合の文章問題を解く時には、大切な数量などに線を引き、関係図などで表すことで間違いがないように計算し、答えを求めることができました。また、求めた割合を帯グラフや円グラフにまとめることもできました。

◎ もとにする量や比べられる量と割合などの意味や関係をよく理解しています。また、小数で表した割合を百分率や歩合で表すこともできました。

○ 割合の問題では、もとになる量と比べられる量、割合の関係を正しくとらえ、適切に計算することができました。また、求めた割合を百分率で表すこともできました。

○ 単位量当たりの考え方や求め方を理解し、部屋の混み具合や車の燃費を比べることができました。

△ 百分率の表記には生活で見慣れているようでしたが、小数で表した割合と百分率の関係の理解が十分ではありませんでした。具体物の量で割合と百分率を照らし合わせながら指導してきました。

△ 文章問題から割合を求める際に、もとにする量と比べる量の判断がつかず、誤った式を立てる場面が見られました。それぞれの数量の関係を図や言葉で整理してから式を立てることができるように支援してきました。

教科
算数〈5年〉

●伴って変わる2つの数量の関係に着目し、表や式を用いて変化や対応の特徴を
考えているか？

●ある2つの数量の関係と別の2つの数量の関係とを比べる場合に割合を用いる
場合があることを考え、筋道を立てて説明しているか？

◎ 割合やもとにする量、比べられる量のそれぞれの求め方を図や言葉で整理
しながら考え、分かりやすく説明しました。また、それらを問題場面に応じ
て使い分け、問題を解決することができました。

◎ 割合の求め方を進んで考えました。自分の考えのポイントを分かりやすくノー
トに整理しまとめていたので、発表の際にも的を射た説明になり、多くの
友達が学習の理解を深めていました。

○ 長方形の横の長さと面積を表に整理して調べました。数の変化の仕方に
規則性があることに気づき、比例の関係を理解しました。話合いの場では、
黒板の表に数量の関係をかきながら説明することができました。

○ 日常生活の中のどんな場面で単位量当たりの考え方が使われているかに関
心をもち、進んで調べました。車の燃費の比較や人口密度を調べる時に使
われているなどの活用事例を発表することができました。

△ 割合を百分率で表す時に、「パーセント」という言葉を聞いて難しさを感じ
ていました。0.01が1パーセントであることを伝え、線分図を使い視覚的に
とらえやすいように支援すると徐々に理解する様子が見られました。

△ 割合の文章問題を何度も繰り返し読み、答えを求めようと努力していまし
た。数量の関係がとらえられず、式の立て方でつまずく様子が見られたの
で、自分だけで悩まず友達とも話し合うように声をかけると、解法のヒント
が得られたようです。

●日常の事象を割合を用いて考えたり、百分率で表すよさに気づき、問題を解決する中で進んで活用したり、生活に生かそうとしているか？

◎ 日常生活の中で、割合や百分率などが利用されている場面を進んで調べ、見つけました。その活用のされ方や利点などを分かりやすくまとめ、発表することができました。

◎ 学校全体で行ったアンケートを集計し表に整理すると、その結果から割合を求めグラフに表し、その分析結果をその後の活動に役立てることができました。学んだことを進んで生活に生かそうとする姿勢が立派です。

○ 2つの数量が伴って変わる場面を探すと表に整理し、その関係が比例であるか確かめました。また、○や△を使った式で表すこともできました。

○ ジュースのペットボトルに書かれている百分率の表記に気づくと、ジュース全体の量に対して果汁がどれくらいの量なのか計算して求めることができました。

△ 2つの量の関係を調べる問題で、数の変化の様子を頭の中でイメージしながら考えていたので、なかなか規則性に気づけずにいました。問題の条件を図に表して、変化のきまりを見つけることができるように支援しました。

△ ○や△を使って式に表された2つの量を調べる学習では、○や△の意味をとらえられず、学習に意欲的になれない様子が見られました。そのため、式の○や△に数を当てはめるゲームをしながら指導をしてきました。

教科
算数〈5年〉

D　データの活用

●円グラフや帯グラフの特徴とそれらの用い方を理解しているか？

●データの収集や適切な手法の選択など統計的な問題解決の方法を理解しているか？

●平均の意味を理解し、求めているか？

◎　平均の意味や利用の仕方について十分理解することができています。いくつかのデータから平均を求めたり、平均から全体を求めたりすることもできました。

◎　帯グラフや円グラフの意味や特徴を正しく理解し、求めた割合をグラフにまとめたり、グラフから割合を読み取ったりすることができました。

○　コップに入った量の異なるジュースを合わせてから同じ量になるような活動を通して、平均の基本的な考え方を理解することができました。

○　円グラフから全体に対する部分の割合を読み取ったり、部分と部分の割合を比較したりする方法を理解していました。

△　帯グラフや円グラフをかく時に、今まで学んだグラフとの違いが分からず戸惑う様子がありました。グラフそれぞれの特徴を伝え、目的に応じて使い分けようと努力していました。

△　円グラフの読み方に迷う場面が見られました。社会科の資料集などを使い、グラフから読み取る練習に励み、だいぶ慣れることができました。

●目的に応じてデータを集めて、それらを分類整理しているか？

●データの特徴や傾向に着目し、問題を解決するために適切なグラフを選択して判断しているか？

●結論について多面的にとらえ考察しているか？

◎　校内でのけが人を減らすために、進んでけがの種類や人数などのデータを集めました。学年ごとのけがの種類と割合を円グラフにまとめ分析することで、生活の改善に役立てることができました。

◎　学習した帯グラフや円グラフの特徴をもとに、グラフのかき方を進んで考え、分かりやすく説明することができました。学んだことを進んで生かし、表現する力が身についています。

○　帯グラフや円グラフを比べ、似ているところや違っているところに目を向けました。帯グラフは帯を100等分して左から順に1%を表していることや、円グラフは右回りに100等分され、1目盛りが中心角3.6°ずつで表されていることをとらえることができました。

○　いくつかのデータから進んで平均を求めました。データの共通部分の値に着目すると、その値より上だけ取り出せれば簡単に平均が求められることに気づきました。

△　円グラフをかく学習では、どこで区切ればよいか迷う様子が見られました。一緒に目盛りを数え確認しながら学習をしてきました。

△　部分の平均から全体の平均を計算する問題で、部分の平均を考えていました。必ずしもそれが全体の平均にならないことを伝え、正確な計算の仕方を指導しました。

教科
算数〈5年〉

●データを統計的に活用する楽しさやよさに気づき、よりよく問題を解決をし
ようとしたり、学習や生活に生かそうとしたりしているか？

◎　クラスで50メートル走の記録を計測し、クラスの平均を求めることで全体の
　記録と自分の記録を比べることができました。学んだことを生活に生かすこ
　とができています。

◎　帯グラフや円グラフをかく活動では、手順を友達と確認しながら正確にかく
　ことができました。かき方の手順が分からず困っている友達がいると、丁
　寧に教えることで自分の学習の理解をさらに確かなものにしていました。

○　帯グラフや円グラフの読み方を理解すると、社会科の地図帳や資料集など
　のグラフに関心を示し、進んで読み取り学習に生かすことができました。ま
　た、新聞づくりの際には、アンケートの結果を円グラフにまとめる様子も見
　られました。

○　帯グラフや円グラフの活用の仕方が身についています。グラフから全体と
　部分、部分と部分の割合を読み取り、比較して気づいたことなどをノートに
　まとめることができました。

△　帯グラフや円グラフの表し方などにはあまり関心をもつことができない様子
　でしたが、グループでの学習を通して読み方が分かると、活用するようにな
　りました。

算数〈6年〉

指導要録の観点とその趣旨	
観点	趣旨
❶知識・技能	●分数の計算の意味、文字を用いた式、図形の意味、図形の体積、比例、度数分布を表す表などについて理解している。 ●分数の計算をしたり、図形を構成したり、図形の面積や体積を求めたり、表やグラフに表したりすることなどについての技能を身に付けている。
❷思考・判断・表現	●数とその表現や計算の意味に着目し、発展的に考察して問題を見いだすとともに、目的に応じて多様な表現方法を用いながら数の表し方や計算の仕方などを考察する力、図形を構成する要素や図形間の関係などに着目し、図形の性質や図形の計量について考察する力、伴って変わる二つの数量やそれらの関係に着目し、変化や対応の特徴を見いだして、二つの数量の関係を表や式、グラフを用いて考察する力、身の回りの事象から設定した問題について、目的に応じてデータを収集し、データの特徴や傾向に着目して適切な手法を選択して分析を行い、それらを用いて問題解決したり、解決の過程や結果を批判的に考察したりする力などを身に付けている。
❸主体的に学習に取り組む態度	●数学的に表現・処理したことを振り返り、多面的に捉え検討してよりよいものを求めて粘り強く考えたり、数学のよさに気付き学習したことを生活や学習に活用しようとしたりしている。

A 数と計算

●分数の乗法、除法の意味を理解し、計算しているか？

●分数の乗法や除法についても整数の場合と同じ関係や法則が成り立つことを
理解しているか？

●数量の関係を、a、xなどの文字を用いて式に表したり、文字に数を当てはめ
て調べたりしているか？

◎ 分数の乗法、除法の計算の意味を理解し、整数の場合と同じように交換
法則、結合法則、分配法則を使うことで速く、正確に計算することができ
ました。

◎ 2つの数量の関係に気づくとx、yなどの文字を用いて式に表しました。文字
に数を当てはめ正確に計算し、課題を解決することができました。

○ 文章問題を読むと、まだ分かっていない数を文字で表し、数量の関係を式
に表しました。

○ 分数のかけ算やわり算では、途中式で約分することができるか確かめなが
ら、正確に計算することができました。

△ 分数同士のわり算では、わる数を逆数にせず、そのまま計算してしまうこと
や約分を忘れてしまうことが見られました。解き終わった後に確認するよう
指導してきました。

△ 文章をよく読み、数量の関係を図で整理するように繰り返し声をかけてきま
した。

> ●分数の意味や表し方に着目して、計算の方法を多面的に考え、表現しているか？
>
> ●問題場面の数量の関係を簡単に文字の式で表したり、文字を使った式からその意味を読み取ったりしているか？

◎　分数をかけることの意味をすぐに理解すると、自分の考えを式や図に表し、順序立てて友達に説明することができました。

◎　数量の関係を文字を使った式で表すことで、一方の数が分かれば、表などで調べなくてもすぐに他方の数を求めることができ、便利であると気づきました。買い物で代金を計算する時にも役立てようとしていました。

○　文字で表した式の場合でも、今まで学んだ計算のきまりが使えることを、文字にいろいろな数を当てはめ実際に計算することで説明していました。

○　小数や分数、整数が混ざった計算でも、分数の形に直して工夫することで、簡単に計算することができることに気づき、友達に教えることができました。

△　文章問題では、式を立てる際に数が分数であることから戸惑う様子が見られました。一度、整数に置き換え、図で表しながら一緒に考えると自分で式に表すことができました。

△　分数のかけ算やわり算で、通分してしまうことがありました。計算記号をよく確認し、たし算、ひき算との違いを比較しながら指導してきました。

教科
算数〈6年〉

〔主体的に学習に取り組む態度〕　　　　　　　評価のチェックポイント

> ●文字を使い式に表したり、分数で表し計算したりする楽しさやよさに気づき、生活や学習に活用することでよりよく問題を解決しようとしているか？

◎ 小数より分数で表したり、計算したりする方が速く正確に処理できる場合があることに気づき、進んで計算に生かし問題の解答を導くことができました。

◎ 不明な数を求める際に、文字を用いた式で表すことが日常生活でも活用できることに気づき、進んで問題解決に役立てることができました。

○ 百分率で表された割合を分数で表して計算することができることを理解すると、進んで問題解決に活用していました。

○ 日常生活の中でも、文字を使った式で表すと効率がよいものがないか進んで見つけようとしていました。

△ 分数のかけ算とわり算の計算の仕方を理解しようと進んで考えました。文章題で式を立てることにつまずき、意欲を失いそうになっていたので、励ましながら整数の問題としてとらえ、式を考えてみるように指導しました。

△ 分数のかけ算やわり算の計算の仕方を理解すると、進んで問題に取り組みました。計算の途中で約分したり、小数を分数に直したりすることが必要になると、つまずく様子が見られました。今までの学習を振り返り、繰り返し復習できるように支援しました。

B 図形

〔知識・技能〕	評価のチェックポイント

●縮図や拡大図、対称な図形について理解し、作図する技能を身につけているか？

●身の回りにある形について、その概形をとらえ、およその面積などを求めているか？

●円の面積や円柱、角柱の体積の計算による求め方を理解し、求めているか？

◎ 形の同じ図形は、対応する辺の長さや角の大きさがすべて等しいという特

徴を理解できています。方眼紙のマス目を目安にしたり、直接、辺の長さ
や角度を調べたりすることで、縮図や拡大図を正確にかくこともできました。

◎ 円を含む複雑な図形に興味をもちました。それぞれの辺や半径などの必要
な長さを測り、公式を用いて正確に面積を求めることができました。

○ 線対称や点対称な図形の特徴を理解し、進んで作図することができました。

○ 多角形が線対称な図形か点対称な図形かを見分けたり、それぞれの図形の
対称の軸や対称の中心、対応する辺や点を見つけたりすることができました。

△ 点対称な図形をかく際に、対応する点を決めることに苦労する様子が見ら
れました。もう一度、点対称な図形の特徴を振り返るように指導してきました。

△ 半径が図にかかれている円の面積は、公式を用いて求めることができまし
た。直径しかかかれていない場合や半円、複合図形になると戸惑う様子が
見られました。文章や図から読み取れる長さや求められる長さを図に直接
かき込んで考えるように指導しました。

〔思考・判断・表現〕　　　　　　　　　　　　　評価のチェックポイント

● 縮図や拡大図を活用して、測定しにくい長さの求め方を考えているか？

● 対称という観点から図形を分類・整理し、その特徴を見いだしているか？

● 図形を構成する要素や性質に着目し、筋道を立てて面積などの求め方を考え
たり、それを日常生活に生かしたりしているか？

● 円の面積を活用して、円を含む複合図形の面積の求め方を考えているか？

◎ 縮図の考え方を使えば、実際には計測が難しい場面でも長さや高さ、距
離を求めることができると考えました。角度測定器のつくり方を調べ、実際
の体育館の高さを求めることができました。

◎ 対称な図形の性質や特徴を意欲的に調べました。とらえた特徴から対称の軸や対称の中心に対して対応する点を決め、それらを結べば作図することができると考えました。また、黒板で作図の手順を見せながら分かりやすく説明することができました。

○ 対称という視点から、今まで学んだ図形に関しても分類整理することができました。

○ 縮図や拡大図は、コピー機、地図、設計図など身の回りの物にも生かされていることに気づきました。どのような仕組みで活用されているのかを調べ、発表することができました。

△ 点対称な図形の性質や特徴を理解するのに苦労していましたが、友達と考えを交流することで仲間分けすることができました。

△ 円の面積を求める公式を覚えていますが、複合図形の面積を求められず悩んでいました。問題に示されている長さやそこから考えられる長さを図にかき込むように助言しました。

〔主体的に学習に取り組む態度〕　　　　　　　　　　　　　評価のチェックポイント

●対称な図形や拡大図、縮図の性質や特徴をとらえ、作図したり、円や立体の体積を求めたりする楽しさやよさに気づき、生活や学習に活用することでよりよく問題を解決しようとしているか？

◎ 建築物やオリンピックのエンブレムなど、身の回りには対称性を生かしたデザインがたくさんあることに気づくと、それを友達に紹介していました。また、対称性を生かした複雑なデザインの作図を楽しみながら挑戦するなど、学んだことを活用する姿が見られました。

◎ 円を含む複合図形を作図し、面積を求める問題をたくさんつくりました。考えた問題を友達と解き合うことで、学習の理解を深めることができました。

○ 身の回りにある対称な図形を見つけようとしたり、作図しようとしたりしていました。

○ 地図から縮尺を読み取り、学校から家までの直線距離を進んで求めることができました。

△ 拡大図や縮図をかくことに難しさを感じていました。励ましながら一緒に作図することで、1人で作図しようとする意欲につながりました。

△ 縮図や拡大図を学ぶことに関心があまりもてない様子でした。地図の縮尺や測定が難しい場面で、それらが長さの測定に利用されていることを紹介しながら指導をしてきました。

C　変化と関係

〔知識・技能〕　　　　　　　　　　　　　　　　　評価のチェックポイント

●伴って変わる2つの数量の関係を、表やグラフで表し、比例や反比例の意味や性質を理解しているか？

●2つの数量の関係を簡単な比で表しているか？

◎ 伴って変わる2つの量の関係を表に表し、進んで調べました。数量の変化のきまりに気づくと、式やグラフに表すことを通して、比例や反比例の意味やその特徴をよく理解していました。

◎ 2つの量の大きさの割合を2つの数を使い表す方法について、意欲的に調べていました。比の意味を理解すると比を簡単にしたり、比の値を使い他方の数を求めたりすることができました。

○ 比の前と後の数に同じ数をかけたり、わったりしても2つの数の比の関係が崩れないことを理解すると、小数や分数で表された比を簡単にすることができました。

○ 式から伴って変わる2つの数量を計算することで、方眼紙を用いてグラフに表すことができました。表題や単位などを書き入れるなど、1つ1つ確認しながらグラフをかくことができました。

△ 数値だけだと比の関係をイメージしにくい様子が見られたので、具体物を使って説明しました。その後は、徐々に自分で等しい比を見つけることができるようになりました。

△ 比例の関係を理解することができましたが、グラフを読み取り式で表すことが多少難しかったようです。比例関係のグラフや表をたくさん読み取り、慣れていけるように支援してきました。

〔思考・判断・表現〕 評価のチェックポイント

● 伴って変わる2つの数量の関係を、表やグラフで表し、数量の変化のきまりに気づいているか？

● a、xなどの文字を使って未知の数量などを表すとともに、一般的な式に表したり、式の意味を読み取ったりしているか？

◎ 料理などで、2つ以上の物を混ぜ合わせてドレッシングをつくる際には、それぞれの量の割合を比で表すと味を保ったまま量をたくさんつくることができると考え、説明することができました。他にも生活の中で活用できる場面がないかを進んで見つけ、発表しました。

◎ ベニヤ板の厚さが枚数に比例することから、その関係を式で表し、重ねられているベニヤ板のおよその枚数を計算で求めました。また、表やグラフにも表すことで問題解決に活用していました。

○ 水道からバケツに水をためる場合、水の出る量が一定であれば、水を出している時間とバケツにたまる水の量は比例の関係にあることに気づき、グラフに表すことができました。

○ 表から比例の関係を読み取ると、グラフに表すなどしてその特徴をとらえていました。また、反比例の関係についてもその変化の特徴を考えることができました。

△ 伴って変わる2つの量の関係について考えました。自分だけでは変化のきまりをとらえることが難しいようでしたが、友達の説明を聞くことで納得する様子が見られました。

△ 2つの数の関係が比例関係かどうか理解に悩む様子が見られました。一緒に表にまとめ、変化の様子を表に書き込むことで比例の性質に気づくことができました。

〔主体的に学習に取り組む態度〕　　　　　　　　　　　評価のチェックポイント

●比や比例の関係や性質に着目するよさに気づき、問題を解決するために進んで活用したり、生活に生かそうとしているか？

◎ 2つの数の割合を「比」で簡単に表せることを理解すると、どのような場面で生活に生かすことができるかを考え、実際の生活に生かすことができました。

◎ 比例や反比例の性質に興味をもち、進んで式やグラフに表し、その特徴をとらえていました。また、比の関係を使った問題を進んでつくり友達に出題することで、学習の理解をより確かなものにしていました。

○ 比例の関係に興味をもち、意欲的に調べました。表に整理し読み取った比例の関係をxやyなどの文字を使って式に表すことのよさに気づくと、進んで問題解決に活用することができました。

○ 比例の関係をグラフに表すと数の変化を視覚的に理解しやすく、必要な数を読み取るのにも便利だと気づき、進んでグラフに表すことができました。

△ 比例や反比例の関係と生活場面がなかなか結びつかない様子でした。生活での様々な具体的な場面を一緒に考えました。

△ 同じ基準を用いて2つの数を割合で表したものが「比」であるということを一緒に具体物を使って考えていきました。

教科
算数〈6年〉

D データの活用

●代表値の意味や求め方、度数分布を表す表やグラフの特徴や用い方を理解し
ているか?

●目的に応じてデータを収集したり、統計的な問題を解決するために適切な手
法を選択したりしているか?

●起こり得る場合を順序よく整理するために図や表などの用い方を理解しているか?

◎ リレーの走る順番が何通りあるかを調べる際に、樹形図を使った調べ方を
理解し、正確に求めることができました。また、重なりや落ちがないか慎
重に確認していました。

◎ ソフトボール投げの記録の散らばりを調べるために区間ごとに区切り、分か
りやすい表をつくり結果を記入しました。区間の境にも注意し、記録を重
複して数えることがないよう気をつけていました。活用したい目的に合わせ
データを分類整理し、分析することができました。

○ 起こり得る場合の数を、落ちや重なりがないように表や図などを活用するこ
とで順序よく整理して調べることができました。

○ ソフトボール投げの全体の記録について調べ、投げた距離に気をつけなが
ら柱状グラフに表すことができました。

△ 記録を柱状グラフに表す際に、棒グラフとの違いが分からず戸惑う様子が
見られました。柱状グラフは、棒グラフのように順序を入れかえることがで
きないことを伝え、かき方を個別に支援しました。

△ 物の並べ方を考える方法と、いくつかの物の中から選択して並べ、場合の
数を求める方法の区別がついていませんでした。問題をよく読み、順を追っ
て求め方の違いを確認することで理解できるように指導しました。

- ●事象の特徴に注目し、順序よく整理する観点を決めて、落ちや重なりがなく調べる方法を考えているか？

- ●目的に応じてデータを集めて分類整理したり、データの特徴や傾向に着目し代表値などを活用したりして問題を解決しているか？

◎ 場合の数を調べる際に、落ちや重なりがないように表や図で何度も確認するなどして、速く、効率よく調べる方法をいろいろ試しながら考えることができました。また、友達と調べ方を紹介し合うなどして、よりよい方法を見いだそうとしていました。

◎ 資料の数値を種類ごとに色分けしたり、数直線上に記録したりしてデータの散らばりの様子を調べることで、全体の特徴をとらえ、話合いに生かすことができました。

○ 3人でリレーをする時の並び方が何通りあるか進んで調べました。友達の考えを聞き、かき方が違うことに気づくと進んで話し合い、どちらの図で整理した方がよいか検討することができました。

○ 柱状グラフの区間の区切り方を変え比較することで、柱状グラフの形が変わり、そこから読み取れる内容も変わることに気づきました。

△ 頭の中だけで場合の数を求めようとしていたため、落ちや重なりが出ないように、図を活用するなど調べ方を工夫して考えることができるように指導しました。

△ 場合の数を調べる際に、すべて樹形図で確かめようとしていました。調べる内容や目的をよく考え、それに合わせて順序よく整理して調べることができるように助言しました。

教科 算数〈6年〉

●場合の数を順序よく整理したり、代表値や度数分布を活用したりする楽しさ
やよさに気づき、よりよく問題を解決しようとしているか？

◎　乗り物などを使い、目的地に向かうよりよい方法を進んで考えました。絵や
　　図に表しながら順序よく整理して、全部で何ルートあるか調べると、その中
　　で目的に合った行き方を選択することができました。

◎　学年でクラスごとの読書量や傾向を調べるためにアンケートを取り、進ん
　　で調べました。読んだ合計冊数と人数から平均読書量を求めました。また、
　　読んだ本の種類や冊数を表に整理したり、柱状グラフで表したりすること
　　で、全体やクラスごとの傾向を分析することができました。

◯　体育の学習で、チームに分かれて1回ずつ対戦する時に、試合数とどのチー
　　ムと対戦するかを樹形図を活用しながら調べることができました。

◯　場合の数を調べる活動を通して、樹形図を利用するよさを実感していまし
　　た。日常生活のどのような場面で活用することができるかどうか、友達と進
　　んで話し合いました。

△　場合の数を調べた時に、友達の導き出した答えと違うことに気づきましたが、
　　解き直しをしていませんでした。友達の方法と比べながら自分の調べ方を
　　振り返るように指導しました。

△　文章問題になると解答の誤りが目立ちました。問題を繰り返し読み、何が
　　問われているのかをとらえられるように指導しました。

理科〈5年〉

指導要録の観点とその趣旨

観点	趣旨
❶知識・技能	●物の溶け方、振り子の運動、電流がつくる磁力、生命の連続性、流れる水の働き及び気象現象の規則性について理解しているとともに、観察、実験などの目的に応じて、器具や機器などを選択して、正しく扱いながら調べ、それらの過程や得られた結果を適切に記録している。
❷思考・判断・表現	●物の溶け方、振り子の運動、電流がつくる磁力、生命の連続性、流れる水の働き及び気象現象の規則性について、観察、実験などを行い、主に予想や仮説を基に、解決の方法を発想し、表現するなどして問題解決している。
❸主体的に学習に取り組む態度	●物の溶け方、振り子の運動、電流がつくる磁力、生命の連続性、流れる水の働き及び気象現象の規則性についての事物・現象に進んで関わり、粘り強く、他者と関わりながら問題解決しようとしているとともに、学んだことを学習や生活に生かそうとしている。

教科
理科〈5年〉

A　物質・エネルギー（物の溶け方）

〔知識・技能〕　　　　　　　　　　　　　　　　　　　評価のチェックポイント

●物が水に溶けても、水と物とを合わせた重さは変わらないことを理解しているか？

●物が水に溶ける量には、限度があることを理解しているか？

●物が水に溶ける量は水の温度や量、溶ける物によって違うことを理解しているか？

●物の溶け方について、溶ける量や様子について、水の温度や量などの条件を制御しながら調べ、その過程や結果を記録しているか？

◎ 物を水に溶かしていくとやがて溶け残り、水を加えるとまた溶けるがまた同じように溶けなくなることから、一定量の水には溶ける量の限度があり、その量は溶かすものによって違いがあることを理解しました。

◎ 水に物が溶けた後の重さに興味をもち、自分の仮説を確かめるために進んで実験方法を考えました。メスシリンダーや電子てんびんで水の量や食塩の重さを正確にはかり、溶かす前と後の重さが比較できるように整理して記録し、グラフにも表しました。

○ 温度の変化によってミョウバンが水に溶ける量の変わり方を調べ、記録した結果を表やグラフに表すことができました。また、食塩と比較することでその違いにも気づきました。

○ 水に物を溶かす実験を通して、食塩が水に溶ける量には限度があることや溶けている物を取り出す方法があることを理解しました。

△ 物が水に溶ける量は、水の量や温度によって変わることを実験を通して感覚的にとらえていました。実験の条件と結果を整理しながら数値で記録し、グラフ化することで十分に理解できるよう指導してきました。

△ 物が水に溶ける量を調べる実験では、水や溶かす物の量を目分量ではかろうとしていました。メスシリンダーや電子てんびんなどの扱い方を教えながら正確に実験するように助言をしてきました。

〔思考・判断・表現〕 評価のチェックポイント

●物の溶ける量を、水の温度や量と関係付けて追究する中で、物の溶け方の規則性について、根拠のある予想や仮説を発想し、表現しているか？

◎ 氷は温度が上がると溶けることや砂糖は温度が高い方が早く溶けたという生活経験をもとに、物が水に溶ける量と温度には関係があると仮説を立て、確かめるための実験方法を進んで提案しました。

◎ 食塩が水に溶ける様子をじっくり観察し、粒が見えなくなることに気がつくと、溶けた物の行方や全体の重さがどうなったかなどを話し合い、確かめる方法を進んで考え、発表することができました。

○ ミョウバンが水に溶ける量と温度の関係に興味をもち、進んで調べました。実験で記録した結果を表やグラフに表し、食塩の場合と比較することで自分の考えをまとめ分かりやすく説明しました。

○ 水の温度を下げれば水に溶かした物を取り出すことができると仮説を立て、友達に説明することで、協力して実験計画を立てることができました。

△ ミョウバンの温度による溶ける量の変わり方を友達と協力して調べ、表に記録することができました。結果をグラフに表したり、食塩の場合と比較して考えることができるように指導しました。

△ 実験で、食塩やミョウバンが水に溶ける量を記録することはできましたが、その結果をもとに、物の溶ける量と水の温度や量との関係を考察することは難しかったようです。その後、グループでの話合いで友達の考えを聞くことで、自分の考えをもつことができました。

［主体的に学習に取り組む態度］　　　　　　　　　評価のチェックポイント

●物の溶け方について興味・関心をもち、主体的に問題を解決しようとしたり、学んだことを学習や生活に生かそうとしたりしているか？

◎ 実験では溶ける前の食塩の様子をルーペで詳しく観察しました。友達と協力し、水の中で溶けていく様子もじっくり調べ記録していました。他の物の溶け方にも興味をもち、家で様々な物を水に溶かし、調べた結果を進んで発表しました。

◎ 食塩が水に溶ける様子を観察し、気づいたことや疑問に思ったことなどを積極的に友達と話し合いました。疑問に思ったことを1つずつ解決するため

に、その後も考えを共有することを大切にして、物が溶ける時の規則性について理解を深めようとしていました。

○ 物の溶け方で学んだことは、料理する時に活用できる場面があることに気づき、進んで実践しようとしていました。

○ 実験で食塩やミョウバンが水に溶ける量に限度があることを知ると、身近にある他の物についても興味をもち進んで調べていました。

△ 水の温度と物が溶ける量を調べる実験では、溶かすことだけに夢中になるあまり、水の温度や溶けた量の記録がおろそかになってしまうことがありました。班の友達と協力し実験に取り組めるように声をかけてきました。

△ 食塩を水に入れて溶かす実験を友達と行いました。進んで実験に協力し、溶けていく様子を詳しく観察できるよう指導しました。

A 物質・エネルギー（振り子の運動）

〔知識・技能〕　　　　　　　　　　　　　　　　評価のチェックポイント

● 振り子が1往復する時間は、おもりの重さなどによって変わらないが、振り子の長さによって変わることを理解しているか？

● おもりの重さ、振り子の長さ、振れ幅など、変える条件と変えない条件を制御しながら振り子が1往復する時間を調べ、その過程や得られた結果を適切に記録しているか？

◎ 振り子の実験装置を条件に合わせて操作し、計画的に実験を行いました。実験の結果から振り子が1往復する時間は、おもりの重さや振れ幅ではなく、振り子の長さによって変わることをよく理解しました。

◎ 実験では、振り子実験装置が水平でぐらつきがないか確認したり、糸に

よりがあることに気づき、新しい物に交換したりして丁寧に取り組みました。振り子が机にぶつかりうまく記録が取れなかった時は、やり直しをして信頼できるデータをとることができました。

○ おもりの重さ、振り子の長さ、振れ幅など、変える条件と変えない条件などを表に整理して、調べる条件が分かりやすいように工夫して記録することができました。

○ 振り子が1往復する時間をより正確に知るために、何度も繰り返しデータを記録し、測定結果の平均を求めることができました。

△ 振り子実験装置を友達と確認しながら操作し、振り子が1往復する時間を調べました。途中で、変える条件と変えない条件の違いが分からなくなり戸惑う様子が見られましたが、助言をしながら励ましてきました。

△ 振り子が1往復する時間を調べようとしていましたが、変える条件に気を取られ、そろえる条件を確認しないで実験を進めていました。データにばらつきが出ていない友達の記録を参考にして結果をまとめるように指導しました。

〔思考・判断・表現〕　　　　　　　　　　　　　　　評価のチェックポイント

●振り子の規則性について追究する中で、振り子が1往復する時間に関係する条件についての予想や仮説をもとに、解決の方法を発想し、表現しているか？

◎ 振り子が1往復するのにかかる時間が課題になると、振り子の様子を詳しく観察し、おもりの重さ、振れ幅、糸の長さが1往復する時間に関わる可能性があると仮説を立て、条件を変えながら実験する方法を提案しました。

◎ 振り子が往復する時間を調べると誤差が出ることから、より正確なデータをとるために、何度か繰り返し計測して平均値を求めるべきだと考え、発表することができました。

○ 振り子の条件を変えて調べた結果を根拠に、振り子が1往復する時間は振り子の長さで変わることを分かりやすく説明することができました。

○ 「振り子が1往復する時間はどんな条件で変わるのだろうか」という課題に対して、変わる条件を見つけ出し、自分なりの予想をもつことができました。

△ 条件を変えて振り子が1往復する時間を調べました。実験の途中で、調べる条件と同じにする条件の違いが分からなくなり、戸惑う様子が見られました。友達と条件や結果などを一緒に確かめながら記録するように声をかけてきました。

△ 振り子が1往復する時間について、実験の結果から考察を導くことが難しかったようです。実験の目的と結果を振り返り、分かったことを一緒に確認しました。

[主体的に学習に取り組む態度]　　　　　　　　　　　　　　評価のチェックポイント

●振り子の運動に興味・関心をもち、その規則性について主体的に調べたり、学んだことを学習や生活に生かそうとしたりしているか？

◎ 振り子の運動に規則性があるのではないかと考え、意欲的に調べました。学習後は、振り子の性質を発見した人物や振り子の性質を利用した身近な道具などにも関心をもち、積極的に調べて紹介することができました。

◎ 同じ動きを繰り返す振り子には、何かきまりがあるのではないかと疑問をもちました。振り子時計やメトロノームも同じ動きが利用されていることに注目すると、「時間」と「同じリズム」を手がかりに、その規則性を見つけ出そうと進んで方法を考え、調べました。

○ 振り子の振れ方に興味をもち、何か規則性があるのではないかと考え、意欲的に振り子の動きを観察したり進んで考えを交流したりしました。

○ 振り子の1往復する時間を条件を変えながら調べる実験では、友達と役割を分担し、協力することで効率よく実験を進めていました。実験後は、結果や気づいたことなどを友達と共有することもできました。

△ はじめは振り子の動きに興味をもち実験に取り組んでいましたが、糸の長さの調整や、ゆれる回数を数える作業を友達任せにしてしまう場面が見られました。自分で確かめることを大切にするように指導してきました。

△ 実験には友達と協力して取り組みました。調べた結果を記録できなかったので、実験の目的を考えながら取り組むことができるように指導してきました。

A　物質・エネルギー（電流がつくる磁力）

〔知識・技能〕　　　　　　　　　　　　　　　　　　評価のチェックポイント

● 電流の流れているコイルには、鉄心を磁力化する働きがあり、電流の流れる向きを変えると、電磁力の極も変わることを理解しているか？

● 電磁石の強さは、電流の大きさや導線の巻き数によって変わることを理解しているか？

● 電磁石の強さの変化を電流計などを正しく使い工夫して調べ、その過程や結果を分かりやすく記録しているか？

◎ 電磁石の強さとコイルの巻数や電流の強さとの関係を整理して調べました。電流計を正しく操作し、回路に流れる電流の大きさを調べたり、コイルの巻数を変えて確かめたりして、結果を正確に記録することができました。

◎ 電磁石につなぐ乾電池の向きを変えることで、近づけた方位磁針の針の向きが変わることから、電磁石にもN極とS極があり、その向きは電流の向きで決まることを理解しました。

○ コイルの巻き数や電池の数、電池の向きなどの条件を変えて実験を行い、

それによる電磁石の働きの変化を詳しく記録していました。また、棒磁石と比べることで電磁石の働きや特徴をよく理解することができました。

○ 電磁石を使って気づいたことや疑問に思ったことなどを発見カードに図を使って記録していたので、話合いや結果から分かったことをまとめる際に生かすことができました。

△ 電磁石の働きに興味をもち、進んで調べました。実験後に電池とコイルがつながったまま片づけようとしていたので、ルールを確認して安全に活動することができるように支援しました。

△ 自分でつくった電磁石を使い、コイルの巻き数や回路につなぐ電池の数を変えることで電磁石の強さを調べました。実験で電流計と電池を直接つなごうとする場面が見られたので、電流計の使い方と回路のつなぎ方を教師と一緒に操作しながら確認しました。

〔思考・判断・表現〕 　　　　　　　　　　　　　　　　評価のチェックポイント

●電流がつくる磁力の強さに関係する条件について、予想や仮説をもとに解決
　方法を発想し、表現しているか？

◎ 鉄心にコイルを巻いた物に電流を流すことで棒磁石と同じ性質を示したことから、棒磁石と比べながらその働きを調べました。電流の強さやコイルの巻き数などの条件を変えることで、その働きが強くなったり、弱くなったりするのではないかと考え、調べた結果を説明することができました。

◎ 電池のつなぎ方によってモーターの回る向きが逆になったことに発想を得て、電磁石の極についても同じことが言えるのではないかと考えました。予想が正しかったことが確かめられると、進んで発表する姿が見られました。

○ 電磁石の強さは、電流の強さとコイルの巻き数が関係しているという友達の意見を手がかりに、それを確かめるための実験の条件を考え、計画を

立てることができました。

○ 電磁石の極の向きを確かめる実験では、予想や結果を記録する時に電流の流れる向きや極の向きなどを図や言葉で分かりやすくノートにまとめていました。また、友達に説明する時にも活用することができました。

△ 電磁石の強さを調べる実験では、乾電池の数が増えるとたくさんのゼムクリップを持ち上げることができることを理解していました。乾電池が増えると電流が強くなるという理解にはつながっていなかったので、電流計の扱い方と働きを説明しながら一緒に調べると納得している様子でした。

△ 電磁石の極を調べる実験では、電磁石をつないだ回路や電池の+極・−極、電磁石のN極・S極などが分からず困惑している様子だったので、図にかいて説明すると実験に取り組むことができました。

〔主体的に学習に取り組む態度〕　　　　　　　　評価のチェックポイント

●電流がつくる磁力について興味・関心をもち、主体的に問題を解決しようとしたり、学んだことを学習や生活に生かそうとしたりしているか？

◎ 学習を通して電磁石には生活で利用できる場面がたくさんあることに気づきました。電流を流すと磁石と同じ働きをする性質を活用して、電磁石を使ったクレーンをつくり、遊びに生かしていました。

◎ 身の回りにある電磁石を使った道具などを進んで調べました。また、磁石ではなく電磁石が使われている理由やどのような仕組みで利用されているかを考え、友達に分かりやすく説明することができました。

○ 電磁石を使ったおもちゃづくりに意欲的に取り組みました。コイルの巻き数や電池の数を変えることで、工夫しておもちゃづくりに生かしていました。

○ リニアモーターカーに電磁石が使われていることを知ると、その仕組みに興

味をもちました。さらに進んで調べることで、電磁石への理解を深めることができました。

△ 電磁石の働きに興味をもち、進んでその働きについて調べました。気づいたことや疑問に思ったことをたくさんつぶやいていました。学習のまとめや話合いなどに生かすために、ノートに記録をとる習慣がつくように支援してきました。

△ 電磁石を自分でつくることが難しかったようで、友達に助けてもらいながら実験に取り組みました。休み時間などにもう一度自分でコイルを巻いたり、乾電池とのつなぎ方を確かめながら学習を振り返ることができるように支援しました。

B　生命・地球（植物の発芽、成長、結実）

〔知識・技能〕　　　　　　　　　　　　　　　　　　　評価のチェックポイント

●植物は、種子の中の養分をもとにして発芽することを理解しているか？

●植物の発芽には、水、空気及び温度が関係していることを理解しているか？

●植物の発芽、成長、結実について、観察、実験の目的に応じて顕微鏡などの器具を正しく扱いながら調べ、それらの過程や結果を詳しく記録しているか？

◎ 実験・観察を通して種子の発芽には、水や空気、適度な温度が必要であることを確かめました。春先に植物がたくさん発芽する理由を、実験・観察で確かめたことを根拠に説明し、理解を確かなものにしていました。

◎ アブラナの花のつくりを虫眼鏡やピンセットを上手に使いながら、詳しく観察しました。めしべやおしべの特徴なども正確にとらえ、スケッチすることで花のつくりをよく理解しました。

○ 種子は、その中に養分を蓄えることで過酷な環境でも発芽し、命をつなげ

ているということに気づくことができました。

○ インゲンマメやヘチマを大切に世話をしながら発芽や成長に必要な条件を
調べました。調べたい条件を変え、成長の様子の違いを詳しく観察し、気
づいたことなどを分かりやすく記録することができました。

△ 観察することで花のつくりや実の中に種ができることを理解しましたが、受
粉の方法や種子のでき方については理解が十分ではなかったようです。観
察した記録をもう一度振り返り、発芽から種子ができるまでの過程を整理
するよう指導しました。

△ 日光や肥料と植物の成長の関わりを調べるために、進んで実験の準備を行
いました。その後、水や肥料の管理が十分ではなく、正確な実験結果が
得られませんでした。丁寧に実験に取り組み、記録することができるように
指導してきました。

〔思考・判断・表現〕　　　　　　　　　　　　　　評価のチェックポイント

● 植物の発芽や成長とそれに関わる条件を追究する中で、根拠のある予想や仮説
をもとに、解決の方法を発想し、表現するなどして問題の解決をしているか？

◎ 植物を育てた経験から、種子を発芽させるために必要な条件について考え、
進んで話し合いました。実験では調べたい条件以外はそろえるべきだと気
づき、実験方法を考え、友達に提案することができました。

◎ インゲンマメの発芽の条件について進んで調べました。実験では、水、空気、
適度な温度のどれか1つでも欠けると種子が発芽しなかったことから、発芽
に必要な条件をまとめ、分かりやすく説明することができました。

○ インゲンマメの発芽と成長のために、種子の中に養分が蓄えられているの
ではないかと予想し、ヨウ素液を使い調べる実験を考えました。実験で種

子の中にでんぷんがあることを確かめると、その様子を顕微鏡でさらに詳しく観察しました。

○ 種子が発芽する条件を調べるための実験の方法を進んで考えました。話合いでは、日光を遮るためにダンボールが必要なことや冬を想定して温度を下げるために種子を冷蔵庫に入れるなど、たくさんのアイデアを出すことができました。

△ 実験では、調べた条件を整理して表にまとめましたが、考察に何を書いたらよいか悩む様子が見られました。実験の課題を振り返り、自分が立てた予想と比べて結果からどんなことが考えられるのかを教師と一緒に整理をすることで自分の考えをもつことができました。

△ 種子が発芽する条件を調べる実験の計画を立てた時に、2つ以上の条件を変えてはいけない理由に納得ができていない様子でした。友達が表にして示すことで納得できるようになりました。

[主体的に学習に取り組む態度]　　　　　　　　　　　　　評価のチェックポイント

●植物の発芽、成長及び結実の様子に着目してそれらに関わる条件を制御しながら植物の育ち方を調べる活動を通して、主体的に問題を解決したり、学んだことを学習や生活に生かそうとしているか？

◎ アブラナやヘチマの世話を毎日欠かさずに行い、その成長の様子を観察して丁寧に記録しました。成長の様子が植物の種類によって違うことに興味をもつと、他の植物の生態についても詳しく調べ、その多様性と命をつなぐ工夫に理解を深めていました。

◎ 植物の成長に必要な条件を調べる中で、よりよく成長するための条件は植物によっても違うことに気づきました。クラスで育てている元気がない植物の生態を詳しく調べ、学んだことを生かして世話をする様子が見られました。

○ インゲンマメの発芽と成長に興味をもち、進んで観察したり、実験に取り組みました。発芽に必要な条件を友達と話し合い、実験の計画を立て確かめることができました。

○ ヘチマの受粉に興味をもち、進んで調べました。受粉の仕組みについて理解すると、花粉がどのように運ばれてくるのかということに疑問をもち、自分なりの予想を立てながら意欲的に調べました。

△ インゲンマメの発芽や成長の条件を調べるために、進んで実験の準備を行いました。その後、継続的な観察や実験ができていない様子が見られたので、班の友達と声をかけ合ったり、分担を決めたりして実験を成功させることができるように支援しました。

△ インゲンマメの発芽や成長に興味をもち、進んで調べました。実験後には関心が薄れてしまいインゲンマメの世話がおろそかになっていたので、大切に育てることができるように指導しました。

B 生命・地球（動物の誕生）

〔知識・技能〕	評価のチェックポイント
●魚にはオスとメスがあり、生まれた卵は日がたつにつれて中の様子が変化して稚魚がかえることを理解しているか？ ●人は、母胎内で成長して生まれることを理解しているか？ ●魚の卵の内部変化の様子を顕微鏡を使って調べたり、人が母胎内で成長していく様子を映像や模型、その他の資料などを活用して調べているか？	

◎ 解剖顕微鏡を正しく操作しながらメダカの卵の変化の様子を観察し、詳しくスケッチしたり、気づいた変化などを分かりやすく記録したりしました。

◎ 人が母胎内で成長する様子を時間の経過に沿って具体的に分かりやすくま

とめました。受精後は母親から栄養などをもらいながら育ち、生まれること
で生命が受け継がれていくことをよく理解しました。

○ メダカの生態や産卵、植物の成長や受粉、結実などを調べる活動を通して、
生き物の命がつながれていくことや、環境の中でそれぞれが関わり合いバ
ランスを保っていることを理解しました。

○ 人が母胎内で成長していく様子をメダカの受精後の様子と比べながら調べま
した。模型や映像資料を活用しながら調べ、母胎内での変化の様子や成長
の過程を受精後の期間ごとに整理して図や言葉で分かりやすくまとめました。

△ メダカの卵の内部の様子を進んで観察しましたが、変化の様子や成長の過
程の順序の理解が十分ではありませんでした。成長の様子をビデオで順に
たどることで、受精卵の育ちの過程について指導をしました。

△ メダカが卵の中でどのように成長するのかに興味をもち、解剖顕微鏡で繰
り返し観察しました。変化の様子を感覚的にとらえがちだったので、記録カー
ドに観察したことを図や絵、言葉などで記録し、メダカの成長の正しい理
解につながるように支援しました。

〔思考・判断・表現〕 　　　　　　　　　　　　　　　　評価のチェックポイント

●動物の発生や成長について追究する中で、動物の発生や成長の様子と経過に
ついての予想や仮説をもとに、解決の方法を発想し、表現しているか?

◎ メダカの受精卵が成長し、子メダカが誕生するまでの様子をもとに、人が
母親の胎内で成長する様子や成長に必要な栄養分などの取り入れ方につ
いて自分なりの仮説を立てて発表することができました。その後、映像資
料を活用して自分の仮説が正しいか確かめ、理解を深めていました。

◎ メダカを育て、その生態を調べる活動を通して、小さな生物を含めた川の
環境を大切に守っていこうとする意識が芽生えました。生活排水などが川

の水質を変化させてしまい生物に悪影響を与えていることなどを知ると、その現状を友達に伝え、自分たちに取り組めることを考えていました。

○ メダカが産卵するための条件を進んで調べ、水草を用意し産卵しやすい環境を整えていました。また、朝の早い時間に産卵行動が見られることを知ると、水槽の様子を注意深く観察し、メダカの様子を詳しく記録しました。

○ 受精後のメダカと人の様子の変化で、似ているところと違うところに着目して調べました。特に、卵と母胎内という違いに興味をもち、自分の仮説を友達に説明しました。

△ 母親の胎内での赤ちゃんの様子をなかなか予想できずにいました。友達の意見を聞くことでイメージをふくらませ、その後の成長の様子を自分なりに予想できるように支援してきました。

△ メダカのオスとメスの違いをとらえるために、進んで観察する様子が見られました。観察に熱中するあまり、メダカに負担がかかっていることに気づいていませんでした。メダカの命を大切にするために、観察の仕方を工夫できるように指導しました。

教科
理科〈5年〉

［主体的に学習に取り組む態度］　　　　　　評価のチェックポイント

●動物の発生や成長について関心をもち、主体的に問題を解決したり、学習や生活に生かそうとしたりしているか？

◎ メダカの世話を進んで行い、産卵から卵が孵化するまでの様子を詳しく観察することで学習の理解を深めていました。メダカに愛着をもち世話することを通して、命を尊重する態度が身につきました。

◎ 池や川では、えさを与えなくてもメダカが育っていることに興味をもち、進んで調べていました。地域の川に足を運びメダカの姿が見られる周辺を調べたり、水を持ち帰り顕微鏡で観察したりしました。メダカを飼育する際に

少しでも川の環境に近づけようと、調べたことを生かす様子が見られました。

○ メダカの卵の成長の過程と比べながら、人の母胎内での成長の様子についても予想を立てながら意欲的に調べました。植物の時のように直接観察することが難しいので、インターネットや図書室の資料を活用して調べ、まとめました。

○ メダカの習性に関心をもち、観察を通して詳しく調べました。受精後の卵の心臓や血液の動きなど、成長の様子についてもさらに詳しく観察できました。

△ 人の母胎内での様子に興味をもち、模型を詳しく観察して調べました。胎内の様子が分かると満足してしまっていたので、母胎内での成長の様子についても工夫して調べられるよう支援しました。

△ インターネットや資料を活用してメダカの習性を調べる活動には意欲的でした。一方で、メダカの世話や観察の準備などは人任せになってしまう様子が見られたので、自分から進んで取り組めるように指導しました。

B 生命・地球
（流れる水の働きと土地の変化）

〔知識・技能〕　　　　　　　　　　　　　　　　　　　　評価のチェックポイント

●流れる水には、土地を侵食したり、石や土などを運搬したり堆積させたりする働きがあることを理解しているか？

●川の上流と下流によって、川原の石の大きさや形に違いがあることを理解しているか？

●雨の降り方によって、流れる水の速さや量は変わり、増水により土地の様子が大きく変化する場合があることを理解しているか？

●流れる水の働きと土地の変化の関係に着目し、水の速さや量の条件を制御しながら観察し、記録しているか？

◎ 流れる水の速さと量の変化によって、土地がどのように変化するか進んで調べました。校庭につくった山の傾斜を変えたり、水の速さと量を変えたりするなど、条件の違いによる地面の削られ方の様子を観察し、計画的に実験に取り組みました。

◎ 雨水が運動場を流れる様子と雨が降りやみ地面が乾燥した後の地面の様子を観察し比較することで、水には地面を削ったり、土を運んだり、積もらせたりする働きがあることを理解しました。

○ 流水実験では流れる水の速さや量を変え詳しく観察することで、水の流れる経路や削られ方が変化することを理解しました。

○ 大雨の後、地域にある川の様子を観察することを通して、雨が降り続く時間や量に応じて川の様子が変化し、時には自分たちの生活に被害をもたらす場合があることを理解することができました。

△ 流れる水の速さや量によって、地面の削られ方が変わることの理解が難しかったようです。記録することについては友達にアドバイスをしてもらいながら、分かったことや観察したことを整理するように指導してきました。

△ 流水実験では、水を流したり、流れた後を修復することに夢中になるあまり、観察や記録がおろそかになってしまいました。役割を分担しながら、自分で観察することで理解を深められるように指導しました。

教科
理科〈5年〉

〔思考・判断・表現〕　　　　　　　　　　　　　評価のチェックポイント

●流れる水の働きについて追究する中で、流れる水の働きと土地の変化との関係について、根拠のある予想や仮説をもとに、解決方法を発想し、表現するなどして問題を解決しているか？

◎ 川の上流や下流での水の流れる速さやその周辺の石の大きさなどの様子の違いから、水の働きが土地を削ったり積もらせたりすると考えました。自

分の仮説をみんなに伝えると、流水実験の計画を立てて確かめることができました。

◎ 流れる水の働きで大地が大きく変化することや増水による災害により自分たちの生活に大きな被害を与えることから、河川をきちんと整備し、川の流れや流水量を調節することが大切だと気づき、発表をすることができました。

○ 川やその周辺の様子を観察することで、山の傾斜や雨の量などが流れる水の量や速さと関連していると考えることができました。

○ 川の観察に行く前には、天気予報や事前に観察するポイントを調べるなど、安全に気をつけた観察計画を立てることができました。

△ 川を流れる水が石や土を流したり積もらせたりする働きがあることは理解していましたが、その根拠や理由については一緒に考えてきました。

△ 友達の意見を聞くことで、山の傾斜や流れる水の量、経路などの条件を変え、流れる水の働きを調べる実験ができることに気づきました。その後も、友達と協力することで実験の計画を立てることができるように声をかけてきました。

〔主体的に学習に取り組む態度〕　　　　　　　　　　　評価のチェックポイント

●流れる水の働きと土地の変化について追究する中で、主体的に問題を解決しようとしているか？

◎ 地域にある川に何度も足を運んで観察したり、川の上流や下流などの様子についてインターネットを活用して情報を集めていました。川の水量が増えた時には上流地域の天気との関係についても意欲的に調べていました。

◎ 流れる水の働きで大きな災害につながる可能性があると知ると、地域の河川で洪水による決壊の危険がある場所などを進んで調べて、ハザードマッ

プをつくる計画を立てました。

○ 大雨の後に川の様子が大きく変わっていることに興味をもち、流れる水の働きについて進んで調べようとしていました。

○ 運動場で行った流水実験では、条件をいろいろ変えながら調べていました。観察するポイントを分担するなど、効率的に観察できるように友達に声をかけ、協力して活動しました。

△ 流水実験では、流れる水と地面の様子を調べました。実験の結果が友達と違う様子が見られたので、実験の過程や結果を友達と振り返り、共有することでより確実な理解につなげられるように支援しました。

△ 運動場での流水実験では、山をつくったり、水を流したりする活動に取り組みました。観察や記録がおろそかになってしまっていたので、自分の目で確かめ、気づいたことを自分の言葉でまとめることを大切にするように声をかけました。

B 生命・地球（天気の変化）

〔知識・技能〕　　　　　　　　　　　　　　　　評価のチェックポイント

● 天気の変化は、雲の量や動きと関係があることを理解しているか？

● 天気の変化は、映像などの気象情報を用いて予想できることを理解しているか？

● 天気の変化を調べるために、雲の量や動きを観測したり、インターネットなどを活用して必要な情報を計画的に収集しているか？

◎ 天気の変化を調べるために、雲の量や動きなどを詳しく観測しました。毎日、継続して調べた記録から、雲にも様々な種類があり、それらの色や動き、量などが天気の変化と深く関係していることに気づき、天気を予想することができました。

◎ 雲の量、動きなどの様子を観測したり、テレビや新聞などの気象情報を集めたりすることを通して、雲や天気は西から東へ動くことや台風など特別な動きをする場合があることを理解しました。

○ インターネットを活用して天気に関わる情報を集めたり、方位による雲の量や動きを観測することで天気の変化を読み取ることができました。

○ インターネットやテレビ、新聞などの様々なメディアの気象情報を効率よく集め、必要に応じて天気の変化を予想することに役立てることができました。

△ 雲の量や動きと天気の変化の関係を調べるために、空の様子を観測して記録しました。その時に観測した結果だけで判断し、天気の予測をしていたので、継続的に観測することで全体的な傾向をとらえるよう支援しました。

△ インターネットを活用して、映像などの気象情報を調べる活動に積極的に取り組みました。メディア等の情報ばかりに気を取られていたので、実際に雲の様子を調べるなど五感を使い観測し、様々な情報をもとに天気を判断できるよう指導しました。

〔思考・判断・表現〕 評価のチェックポイント

●天気の変化の仕方について追究する中で、天気の変化の仕方と雲の量や動きとの関係について根拠のある予想や仮説を発想し、表現しているか？

◎ 天気の変化を予測するためには、自分が調べた観測結果だけでは情報が足りないと考え、インターネットから人工衛星の雲画像とその時の各地の空の様子や降水量などの情報を集め、つなげて考えることで、より正確な天気の変化を予測することができました。

◎ 雲の様子を観測することを通して、雲にもいろいろな種類があることに気づきました。その後も、観測を続け、資料を活用しながら天気の変化に関わる雲とそうではない雲とを整理して、自分が考察した天気の変化の規則性

を発表していました。

○ 継続的に雲の様子を観察することで、雲の流れや天気の変化に規則性があることに気づきました。また、天気が急変する前には、空気の様子も変化することを肌で感じると、気温や湿度なども計測し、天気の変化の予測に役立てました。

○ 雲画像の時間ごとの変化や各地の天気の移り変わりなどの気象情報をもとに、広い範囲の雲の動きと天気の変化の仕方について自分なりの仮説をもち、友達に説明することができました。

△ 気象情報を調べた際に、それらの情報をどのように天気の変化と結びつけて考えたらよいか戸惑う様子が見られました。雲画像が動く様子とアメダスの降雨情報を対応させて示すことにより、雲や天気の変化の規則性に気づくことができました。

△ 1日の雲の動きを進んで観察しました。はじめは雲の動きと天気の変化を結びつけて考えることが難しかったようですが、多くの友達の意見を聞くことで納得していました。

〔主体的に学習に取り組む態度〕　　　　　　　　評価のチェックポイント

●天気の変化の仕方について追究する中で、雲の動きや気象情報をもとに、主体的に問題を解決したり、学習や生活に生かそうとしているか？

◎ 雲の様子と天気の関係を調べた際には、少しでも多くの情報を集めるために、観測する日を友達と分担してたくさんのデータを記録していました。また、クラスのみんなで共有することにより、正確な天気の予測に生かすことができました。

◎ 昔の農家の人がテレビなどでの天気予報もなしに習わしのようなものを伝承し、天気を予測していたことに興味をもつと、進んで調べて発表しました。

また、それらの習わしを日常生活での天気の予測に役立てることができました。

○ 雲の動きと天気の変化について調べることを通して、台風が例外的な動きをすることに気づくと、台風の風や降雨の特徴、それによる被害などについても調べ、まとめることができました。

○ 雲の動きなどからある程度天気を予測できると知り、雲の様子を詳しく調べました。学習後も雲の様子や気象情報をもとに天気の変化を予想し、日常生活に生かそうとしていました。

△ 天気が予測できることに興味をもち、進んで調べました。雲の色や形などの様子ばかりに気が向いてしまい、雲が動く様子やその後の天気の変化を丁寧に記録できていませんでした。観察の目的や記録の方法などを友達と確認しながら活動できるように指導してきました。

△ メディアでの天気予報があるからと、天気の変化の仕方を理解する必要性をなかなか見いだせずにいました。友達の意見を聞き、天気予報だけでなく、自分が知識を身につけることで、天気予測の精度が高まることを指導してきました。

理科〈6年〉

指導要録の観点とその趣旨

観点	趣旨
❶知識・技能	●燃焼の仕組み、水溶液の性質、てこの規則性、電気の性質や働き、生物の体のつくりと働き、生物と環境との関わり、土地のつくりと変化及び月の形の見え方と太陽との位置関係について理解しているとともに、観察、実験などの目的に応じて、器具や機器などを選択して、正しく扱いながら調べ、それらの過程や得られた結果を適切に記録している。
❷思考・判断・表現	●燃焼の仕組み、水溶液の性質、てこの規則性、電気の性質や働き、生物の体のつくりと働き、生物と環境との関わり、土地のつくりと変化及び月の形の見え方と太陽との位置関係について、観察、実験などを行い、主にそれらの仕組みや性質、規則性、働き、関わり、変化及び関係について、より妥当な考えをつくりだし、表現するなどして問題解決している。
❸主体的に学習に取り組む態度	●燃焼の仕組み、水溶液の性質、てこの規則性、電気の性質や働き、生物の体のつくりと働き、生物と環境との関わり、土地のつくりと変化及び月の形の見え方と太陽との位置関係についての事物・現象に進んで関わり、粘り強く、他者と関わりながら問題解決しようとしているとともに、学んだことを学習や生活に生かそうとしている。

教科
理科〈6年〉

A 物質・エネルギー（燃焼の仕組み）

〔知識・技能〕　　　　　　　　　　　　　　評価のチェックポイント

●物が燃える時には、空気中の酸素が使われて二酸化炭素ができることを理解しているか？

●物が燃える様子を工夫して調べ、石灰水や気体の測定器具を適切に使うことで空気の性質の変化に気づき、記録しているか？

127

◎ ろうそくを使った燃焼実験では、火の扱いなど安全に気をつけて燃える条件を確かめていました。また、物が燃える時には空気中の酸素が使われ二酸化炭素ができることを、気体検知管で確かめることでよく理解できました。

◎ 効率よく物を燃やす実験をした際には、酸素を取り入れ、二酸化炭素を上手に逃がすように空気の通り道を考え、キャンプで薪を組むなど学んだことがよく生かされていました。

○ マッチで火を扱う際には、火のつけ方や使い終ったマッチの処理の仕方などを友達と声に出して確認し合うなど、安全に実験を行うことができるように工夫して活動していました。

○ 「物が燃えるためには」と題し、これまでの記録をもとに実験を通して学んだことを分かりやすくレポートにまとめました。学習を振り返ることで知識を確かなものにしていました。

△ 物の燃え方に興味をもち、進んで実験に取り組みました。ろうそくを瓶の中で燃やした際に、ビンに直接手で触れようとしていたので、やけどの恐れがあることを伝えました。注意事項をよく聞き、安全を意識して実験を行うように指導しました。

△ ろうそくが燃える様子に興味をもち、実験には進んで取り組むことができましたが、それだけで満足してしまい、結果を記録することがおろそかになってしまいました。十分な知識の理解につながるように記録をとり、まとめることができるよう助言しました。

［思考・判断・表現］　　　　　　　　　　　　　評価のチェックポイント

●燃焼の仕組みについて追究する中で、物が燃えた時の空気の変化について、より妥当な考えをつくり出し表現しているか？

◎ キャンプなどで木を燃やす際に、木の組み方を工夫したり、うちわであおぎ空気を送ったりした経験を思い出し、物が燃えるためには空気が必要だと考えました。進んで実験の方法を考え、発表することもできました。

◎ 物の燃え方と空気の動きを調べる実験では、空気の流れを矢印で分かりやすく表して予想を立てました。実験の結果も図を用いてまとめ、説明の際にも活用していたのでとても説得力がありました。

○ ろうそくの燃え方を観察した際に、ろうそくから出たわずかな煙が流れていることに気づき、物が燃える際には空気の流れができているのではないかと考え、確かめるための実験方法を考えました。

○ 物を燃やした後の空気の中では、再び火をつけても物が燃えないことを根拠に、物を燃やした後の空気は変化しているのではないかと考え、発表することができました。

△ 物の燃え方に興味をもち、進んで調べようとする意欲が見られましたが、どのような方法で、何を調べる実験なのかあいまいなまま実験に取り組んでいました。ノートを見直し、実験の目的を確認するように指導してきました。

△ 実験の結果から分かったことを書くのが難しかったようです。実験の目的を振り返って、分かったことが書けるように助言しました。

〔主体的に学習に取り組む態度〕 　　　　　　　　　評価のチェックポイント

●燃焼の仕組みに興味をもち、主体的に問題を解決しようとしたり、学んだことを学習や生活に生かそうとしたりしているか?

◎ 行事で薪を燃やす時に、空気の通り道ができるように薪の組み方を工夫したり、うちわで新しい空気を送り込んだりして学んだことを進んで生かす様子が見られました。

◎ 空気の入れ替わりができない状態にすると、物が燃えることができないことに気づくと、火事や火を消したい時にもその方法が使えるのではないかと考え、進んで生活に生かそうとしました。

○ 物の燃え方について調べる中で、ろうそくや木だけでなく、金属なども燃えることを知ると、進んで実験の方法を考え提案することができました。

○ 空き缶の中で割り箸が燃える様子を調べた時には、穴の開ける位置や割り箸の重ね方などを友達と協力して、様々な方法を試しながら調べることができました。

△ 物の燃え方を調べる実験では、班で取り組む実験が多かったので、友達任せになってしまう場面が多く見られました。分担などをきちんと決め、進んで実験に取り組み、その結果を確認できるように指導してきました。

△ 物の燃え方を進んで調べようとする意欲はありますが、実験の流れや必要な器具などが分からず、実験の開始が遅れていました。事前に実験方法を確認し、見通しをもち活動できるように指導しました。

A　物質・エネルギー（水溶液の性質）

〔知識・技能〕　　　　　　　　　　　　　　　　　評価のチェックポイント

●水溶液には、酸性、アルカリ性、中性の物があることを理解しているか？

●水溶液には、気体が溶けている物があることを理解しているか？

●水溶液には、金属を変化させる物があることを理解しているか？

●水溶液の働きや性質について、リトマス紙や加熱器具などを適切に使って調べ、その変化の様子や結果を記録しているか？

◎　塩酸や炭酸水、食塩水、アンモニア水の4つの水溶液を調べるために、

安全に気をつけながら実験をすることができました。リトマス紙を使って分類したり、金属との反応や水溶液を蒸発させた後の観察結果を表に整理することを通して、その性質や働きについて理解しました。

◎ リトマス紙を使って安全に気をつけながら様々な水溶液を調べ、表に整理しながら仲間分けをすることができました。活動を通して、水溶液には酸性、中性、アルカリ性があることやそれぞれの性質に応じてリトマス紙の色を変化させる働きがあることを理解しました。

○ 水溶液の色やにおいを確かめたり、蒸発させたりするなど、様々な方法で調べました。実験を通して、水溶液には二酸化炭素のような気体が溶けている物や食塩のような固体が溶けている物があることを理解しました。

○ 水溶液に金属を入れその様子を観察することで、金属を溶かしたり、変化させたりする物があることを理解することができました。実験では、安全眼鏡を着用し、水溶液が皮膚に付かないように気をつけるなど、安全面に配慮する姿も見られました。

△ 水溶液の性質や働きを調べる実験では、水溶液に何が溶けているか分からず危険だということを伝え、安全に気をつけながら慎重に調べるように指導しました。

△ 水溶液に関心をもち実験をしました。実験や観察した結果の記録が整理されていなかったため、それぞれの水溶液の性質や働きの理解があやふやになってしまいました。活動を振り返り、きちんと結果を整理しながらまとめることができるように支援しました。

〔思考・判断・表現〕　　　　　　　　　　　　　　　　評価のチェックポイント

●水溶液の性質や働きについて追究する中で、溶けている物による性質や働きの違いについて、より妥当な考えをつくり出し、表現しているか？

◎ 水溶液の中に何が溶けているかに興味をもち、進んで調べました。安全を第一に考えながらも、においや見た目から分類したり、蒸発させるなど様々な実験の方法を考え、確かめました。それぞれの結果から、水溶液の性質や働きについてまとめました。水溶液の正体が分かると根拠を示しながら説明することができました。

◎ 炭酸水の様子を観察し、泡が出ていることに気づくと、酸素や二酸化炭素などの気体が溶けているのではないかと予想しました。泡として出てくる気体を集め、線香を入れたり、石灰水との反応を調べることができると考え、進んでその正体を確かめました。

○ 水溶液の調べ方について、安全面のことも配慮しながら様々な意見を出し、話し合いました。現実的にできる方法から試し、その結果から、その正体や溶けている物に対しての考察を説明することができました。

○ 塩酸を含む洗剤の説明欄に使えない物として金属が書かれていたことを思い出し、塩酸には金属を溶かす働きがあるのではないかと考え、実験で確かめることができました。

△ 水溶液を調べる実験に進んで取り組みました。実験中にこぼれた水溶液を素手で触れようとしていたので、どんな水溶液か分からないため危険であることを伝え、気をつけて実験に取り組むように指導しました。

△ 塩酸に溶けた金属の行方を調べるため、友達と協力して実験しました。自分の中での予想がはっきりしないまま実験に取り組んでいたので、結果から考察をうまくまとめることができませんでした。実験の目的をきちんと理解した上で取り組むように指導しました。

●水溶液の性質や働きについて興味・関心をもち、主体的に問題を解決しよう
　としたり、学んだことを学習や生活に生かそうとしたりしているか？

◎　学習を通して水溶液には金属や皮膚などを溶かしてしまう危険な物があること
　を知ると、身近にある水溶液についても進んで調べました。取扱いに注
　意が必要な水溶液などが含まれている物を見つけるとその危険な理由を示
　しながら説明し、その知識を生活に役立てようとしていました。

◎　水溶液の酸性や中性、アルカリ性をリトマス紙以外にもムラサキキャベツ
　の葉で調べることができると知り、身近にある水溶液についても意欲的に調
　べ紹介することができました。

○　水溶液の性質や働きを調べたり、知ったりする利点について進んで考え、
　発表することができました。

○　身の回りにはどんな水溶液があるか進んで探し、その性質や働きについて
　友達と調べたことを進んで交流していました。

△　水溶液の性質や働きについて友達と協力して調べました。それぞれの水溶
　液の特徴をとらえられていない様子でしたので、実験で確かめられたこと
　を表にまとめながら振り返ることができるように指導しました。

△　実験には興味をもち、意欲的に取り組みましたが、自分の考えをまとめたり、
　友達と交流したりすることには関心が薄いようでした。調べたことを友達と
　伝え合い再度共有することで、学習の理解をさらに深めることができるよう
　に支援しました。

教科
理科〈6年〉

A 物質・エネルギー（てこの規則性）

◎ 棒を使ったてこの実験では、安全に気をつけながら条件を変え、てこの仕
組みを確かめていました。てこをどう使えば、重い物を小さな力で持ち上げ
ることができるかよく理解しています。

◎ 実験では、支点・力点・作用点など、変える条件と同じにする条件を慎重
に確認しました。また、それらの結果を分かりやすく整理しながら記録する
こともできました。

○ てこで重い物を持ち上げる実験では、砂袋などを持ち上げた時の手応えを
慎重に確かめながら調べ、記録することができました。

○ てこの腕を傾ける働きやてこがつり合う条件を見つけようと、条件を表に記
録しながら丁寧に確かめることができました。

△ てこが水平につり合うための規則性について理解が十分ではありませんで
した。表に記録した結果をもとに図に示しながら繰り返し説明をしてきました。

△ バールで釘を抜く体験をした時には、楽に釘を抜く方法を楽しみながら見
つけていました。体験を通して分かったことや疑問に思ったことなどをノート
に記録し、次の学習に生かしたり、発表したりできるように支援しました。

◎ 棒を使った「てこ」の実験では、バールで釘を抜いた時の経験を思い出し、支点・力点・作用点の位置関係をバールと同じようにすれば小さな力で重い物を持ち上げられると考え、それを確かめました。予想通りになると満足そうに、考察を説明していました。

◎ 身近にあるてこを利用した道具を見つけた時には、支点・力点・作用点がどこにあり、それがどのような仕組みで生かされているかを考え、実演しながら分かりやすく説明していました。

○ てこを利用した道具についての話合いでは、小さな力で作業ができる道具という視点で考え、その理由を分かりやすく説明していました。

○ 以前に学習で使った上皿てんびんも、「てこ」のつり合う働きを利用し重さをはかる道具であることに気づき、発表することができました。

△ 実験用てこを使い、おもりの数と支点からの距離がどうなった時につり合うかを、楽しみながら確かめていました。それらの結果をノートにまとめるように指導してきました。

△ てこでの実験の結果をもとに考察をまとめるのが難しかったようなので、実験の目的を振り返って、分かったことを記録するように助言しました。

〔主体的に学習に取り組む態度〕　　　　　　評価のチェックポイント

●てこの仕組みやそれを利用した道具に興味・関心をもち、主体的に問題を解決しようとしたり、学んだことを学習や生活に生かそうとしたりしているか？

◎ てこが水平につり合う条件を調べていく実験では、友達と役割を分担して実験を行うことができました。器具の操作と記録をペアで交互に分担することで、効率よく正確に確かめられるように実験を進めました。

◎ 身近にあるてこを利用した道具を探した時には、自分が考えた支点・力点・

作用点の位置が合っているかを友達と相談し、実際に操作しながら確かめていました。

○ バールで釘を抜く活動では、バールをどのように使うと楽に釘が抜けるか、様々な方法を試しながら活動を楽しんでいました。

○ 手だけでは持ち上げることが難しかった土のう袋をてこで軽々持ち上げることができることに驚き、てこの働きに興味をもち友達と協力しながら進んで調べることができました。

△ バールで釘を抜く活動や土のう袋を棒で持ち上げる活動には進んで取り組みました。調べたことを記録したりまとめたりする場面になると意欲が薄れてしまう様子が見られたので、最後まで粘り強く取り組むことができるように励ましました。

△ 実験用てこが水平につり合う時の条件を調べるために、おもりの重さや支点からの距離を変えながら、いろいろ試すことができました。きちんとノートに結果を記録されていなかったので、繰り返し指導をしてきました。

A 物質・エネルギー（電気の利用）

〔知識・技能〕   評価のチェックポイント

●発電、蓄電、電気の変換とその利用について理解するとともに、観察、実験などに関する基本的な技能を身につけているか？

◎ 実験では、手回し発電機でコンデンサーに電気を蓄えることができることを実感していました。ハンドルを回した回数と蓄えることができる電気の量の関係に興味をもち、進んで調べる実験の計画を立て、確かめました。

◎ 手回し発電機でコンデンサーに電気を蓄えることができると知ると、その性

質をうまく利用できないかと考え、小型の扇風機をつくることができました。

○ 電流による発熱を調べるために電源装置と電熱線を使い、安全に気をつけて慎重に実験を行いました。

○ 電熱線の太さと発熱を調べる実験では、電熱線以外の条件は同じにすることができているか慎重に確かめたり、安全面に気をつけたりして実験に取り組むことができました。

△ グループでの実験の様子をよく観察していました。個人でも器具を操作し、実感することができるように一緒に確かめてきました。

△ 太さの違う電熱線や電源装置を使って発熱の違いを調べる実験に進んで取り組むことができましたが、実験方法の確認をおろそかにしてしまい、電源装置を正しく扱うことができませんでした。もう一度電源装置の使い方を確認し、安全面に気をつけるよう支援しました。

〔思考・判断・表現〕　　　　　　　　　　　　　　　評価のチェックポイント

●電気の性質や働きを追究する中で、より妥当な考えをつくり出し、表現しているか？

◎ 手回し発電機の回す向きや速さで電流の流れ方が変わると予想を立て、モーターの回り方や豆電球の明かりを観察して確かめていました。実験の結果から電気の流れ方について自分の考えをまとめました。

◎ コンデンサーに豆電球と発光ダイオードをつなぎ調べると、発光ダイオードの方が少ない電気で長い時間明かりがつくことに気づきました。発光ダイオードの方が活用の幅が広く、省エネにもつながるということを分かりやすく説明していました。

○ 電気の性質や働きについて、自分の予想と実験の結果を照らし合わせて考

察し、自分が導き出した結論をみんなに発表していました。

○ 身の回りには、ドライヤーやアイロンなど電気を熱に変えて利用している様々な道具があることに気づき、それらの適切な利用の仕方をまとめていました。

△ 手回し発電機を使いコンデンサーに電気を蓄えることができると知ると、夢中になり調べました。その際、ハンドルを回した回数と明かりがつく時間の関係もきちんと記録し、比べることができるように指導しました。

△ 実験の結果をもとに考察をまとめるのが難しかったようですので、気づいたことを友達と話し合い、考えをまとめることができるように助言しました。

〔主体的に学習に取り組む態度〕　　　　　　　　　　　評価のチェックポイント

●電気の効果的な利用に興味・関心をもち、主体的に問題を解決しようとしたり、学んだことを学習や生活に生かそうとしたりしているか？

◎ モーターの軸を回すことで発電できることを確かめると、普段使っている電気の発電方法に興味をもちました。自分の地域で使われている電気の発電方法や仕組みについても調べ、それを紹介することで発電に関する理解を深めていました。

◎ 手回し発電機では、回した時しか発電できないことを理解し、電気を安定して利用するための方法をまとめました。その後、インターネットや資料を活用して、常に電力を供給するために発電所で行われている工夫を調べ、自分の予想と比べ、その結果を発表することができました。

○ 身近にある電気を利用した道具を探し、電気を何に変換し、どのような仕組みで活用しているのかを進んで調べました。

○ 発電した電気をコンデンサーに蓄えられることを知ると、蓄えて利用できる利点や他に電気を蓄えることができる物などについて進んで調べ、発表す

ることができました。

△ 手回し発電機を使った実験では、ハンドルを回す速度や向きを変えて、豆電球やモーターがどうなるかを進んで試すことができました。発電した電気が身近でどのように利用されているかについては関心が薄いようでしたので、進んで調べられるように支援しました。

△ 電気の性質や働きを進んで調べていました。実験を通して得られた結果を表に整理できるように指導しました。

B　生命・地球（人の体のつくりと働き）

〔知識・技能〕　　　　　　　　　　　　　　　　　　　　　評価のチェックポイント

● 体内に酸素が取り入れられ、体外に二酸化炭素などが出されていることを理解しているか？

● 食べ物は、口、胃、腸などを通る間に消化、吸収され、吸収されなかった物は排出されることを理解しているか？

● 血液は、心臓の働きで体内を巡り、養分、酸素及び二酸化炭素などを運んでいることを理解しているか？

● 体内には、生命活動を維持するための様々な臓器があることを理解しているか？

● 人や他の動物を観察し、指示薬や気体検知管、気体センサーなどを使い、呼気や吸気の違いを調べ、記録しているか？

◎ 以前に気体を調べた経験を生かして、呼気と吸気の成分の違いを調べました。石灰水や気体検知管の安全面での扱い方などを友達と確認しながら確かめ、成分の違いをグラフに表しました。

◎ 唾液の働きを調べる実験では、少しでも口の中に近い状況をつくり出さないと、正確な結果が得られないと考えました。でんぷんの変化が唾液と

水とでどのように違うか比較できるよう、体温と同じ温度で実験に取り組みました。

○ 血液は、肺に入れた酸素や小腸が吸収した養分などを心臓の働きで体のすみずみまで運び、不要になった物や二酸化炭素を体外に出す仕組みがあることを理解することができました。

○ 心臓や血液の働きを探るために、心臓の位置や脈をとりやすい場所を調べ、2人で協力し、聴診器を使うなどしてそれらの働きを確かめました。

△ 人の体の内部の様子や臓器の位置関係の図を見ながら調べていましたが、理解が不十分でした。人体模型を準備し、パーツとして分かれている臓器を外したり、もとの位置に戻したりする操作を通して、体のつくりについて一緒に確かめました。

△ 吸う空気とはき出した空気に興味をもち、石灰水を使って進んで調べていました。結果を確かめただけになってしまっていたので、石灰水の色の変化や気体検知管の数値などを整理して記録するよう指導を繰り返してきました。

〔思考・判断・表現〕　　　　　　　　　　　　　　　評価のチェックポイント

●人や他の動物の体のつくりと働きについて追究する中で、体のつくりと呼吸、消化、排出及び循環の働きについて、より妥当な考えをつくり出し、表現しているか？

◎ 実験で得られた結果と調べたことを根拠に消化・吸収や呼吸の働きと血液の循環との関連について考察し、人の体の生命活動について説明することができました。

◎ 唾液にでんぷんを変化させる働きがあると予想しました。唾液は口の中の条件に近づけることで確かめることができると考え、実験の方法を提案しました。

○ 石灰水や気体検知管を使った実験の結果から、人が酸素を取り入れ体外に二酸化炭素などを出していることに気づくことができました。

○ 吸収された養分や酸素は血液によって全身をめぐり、二酸化炭素や不要な物を運び体外に出していると考え、それをモデル図を使って説明しました。

△ 消化・吸収、呼吸の働きを実験で調べていました。イメージしづらい部分は、映像を見たり模型を使ったりしながらまとめることができるように支援をしました。

△ 実験の結果から考察することが難しかったようです。課題を振り返り、もう一度気づいたことや分かったことを整理するように助言しました。

```
〔主体的に学習に取り組む態度〕                     評価のチェックポイント

●人や他の動物の体のつくりと働きに興味・関心をもち、主体的に問題を解決し
 ようとしたり、学んだことを学習や生活に生かそうとしたりしているか？
```

◎ 人や他の動物の体のつくりと働きに興味をもち、友達と分担して、インターネットや図書室にある資料を活用し進んで調べました。さらに、分かったことを友達と共有してまとめることができました。

◎ 人の脈拍と心臓の拍動について学んだ後に、家で飼っている犬の脈拍や拍動についても調べ、人と比べることができました。

○ 自分の脈拍を手首で感じた後に、心臓の拍動も対応しているのではないかと予想を立て、友達と交互に聴診器で拍動回数を確かめていました。

○ 人や動物の体のつくりや働きについて、自分や友達の疑問を整理し、それらを解決しようと進んで調べました。調べる内容に応じて、保健室の先生に聞いたり、インターネットや図書室の資料などを有効に活用したりして自分の考えをまとめました。

△ 聴診器で心臓の拍動を聞いたり、自分の脈拍を感じたりする活動に進んで取り組みました。調べ学習では資料を見るだけになりがちだったので、活動や実験を通して確かめたことと調べた知識とをつなげて考え、まとめられるように指導しました。

△ 人や動物の体のつくりに興味をもち、進んで調べようとしていましたが、直接調べることができない場面が多く、次第に関心が薄れる様子が見られました。資料を使って調べる際に戸惑う様子も見られたので、要点を絞って分かったことを記録できるように支援しました。

B 生命・地球（植物の養分と水の通り道）

[知識・技能]　　　　　　　　　　　　　　　　　　評価のチェックポイント

● 植物の体のつくり、体内の水などの行方及び葉での養分をつくる働きを理解するとともに、観察、実験などに関する基本的な技能が身についているか？

◎ 実験で確かめたことを図にかいてまとめる活動を通して、でんぷんが葉でつくられることやその養分や水の運ばれ方など、植物の体のつくりと仕組みの理解を深めました。

◎ 植物の葉から水が出ているかもしれないと予想を立てると、葉のある物とない物のかぶせ方、日当たりなどの条件を考えて実験を行いました。一定時間ごとに様子を観察すると、袋の中の様子を正確に記録することができました。

○ 植物と空気の関係を調べる実験では、気体検知管を正しく扱い、安全に気をつけて活動に取り組むことができました。

○ 茎から葉へと続く道を通り、水が運ばれることを理解すると、葉から水が出ているのなら袋をかぶせれば調べられるのではないかと考え、実験の準備

を行いました。

△ 葉に日光が当たった場合と当たらなかった場合のでんぷんのでき方を、調べましたが、日光をきちんと遮ることができていなかったため、正確な実験結果を得られませんでした。そのため、確実な準備が正確な結果をもたらすことを指導しました。

△ 植物と空気の関係を調べる実験では、日光の当たり方が安定しない場所で実験を行ったため、酸素と二酸化酸素の割合が他の班とは大きく違う測定結果になっていました。活動を通して、実験の条件を丁寧にそろえることの大切さを指導しました。

〔思考・判断・表現〕　　　　　　　　　　　　　　　評価のチェックポイント

● 植物のつくりと働きについて追究する中で、体のつくり、体内の水などの行方及び葉で養分をつくる働きについて、より妥当な考えをつくり出し、表現しているか？

◎ 今までの学習や経験から植物の葉と日光の関係に注目し、実験で得られた結果と調べたことを根拠に、消化・吸収や呼吸の働きと血液の循環との関連について考察し、人の体の生命活動について説明することができました。

◎ 植物も人間と同じように呼吸をするのではないかと考え、気体検知管を使い調べる方法を考えました。植物の葉が日光を受けやすくなっていることに着目すると、日光が当たっている場合と当たっていない場合の2つの条件で実験し、それらを比較することで予想が正しいか確かめました。

○ 植物の根から吸収された水の行方について興味をもつと、人間の血管のように、水や養分が通る道のような物があるのではないかと予想を立てました。植物が吸収する水に色を付ければ調べられるのではないかと考え、発表することができました。

○ 植物の種子に発芽のための養分が蓄えられていたことや、成長には水や日光が必要だったことを思い出し、植物は自ら養分をつくることができるのではないかと考えました。

△ 植物の葉ででんぷんがつくられているかどうかに興味をもち、進んで調べようとしましたが、どのような条件を整え実験したらよいか分からず、戸惑う様子が見られました。友達に教えてもらいながら実験に取り組むことができるように声をかけてきました。

△ 植物実験の結果から考察することが難しかったようです。課題を振り返り、もう一度気づいたことや分かったことを整理するように助言しました。

[主体的に学習に取り組む態度]   評価のチェックポイント

●植物の体のつくりと働きに興味・関心をもち、主体的に問題を解決しようとしたり、学んだことを学習や生活に生かそうとしたりしているか？

◎ 植物のつくりや働きに興味をもち、友達の意見を参考にしながら進んで実験方法を考え調べました。学んだことをさっそく植物を育てる際に活用しようとしていたことが素晴らしいです。

◎ 植物の葉ででんぷんがつくられているかどうか調べる実験では、自分の班とは違う方法で調べた班と結果を交流しながら、より根拠が確かな考察にしようとしていました。

○ 実験方法を確認し、作業が多いことに気づくと実験を安全に成功させるために、手順や必要な道具などを友達と慎重に確認することができました。

○ 植物の葉ででんぷんがつくられることを確かめると、葉の他の場所でもつくられているのかということや、そのでんぷんの使い道が成長の他にあるのではないかと考え、さらに詳しく調べていました。

△ 植物のつくりや働きに興味をもっていたのですが、実験の作業の手順を理解できませんでした。友達に指示されながら実験に取り組んでいたので、実験の目的や方法を事前に確認し、進んで取り組むことができるように助言しました。

△ 実験には進んで取り組む様子が見られましたが、話合いなどでは友達の発言に耳を傾けることができませんでした。友達と考えを交流することで、理解や考えを深めることができることを指導してきました。

B 生命・地球（生物と環境）

〔知識・技能〕　　　　　　　　　　　　　　評価のチェックポイント

●生物の間には「食べる・食べられる」という関係があることや、水及び空気を通して周囲の環境と関わって生きていることを理解しているか？

●人は、環境と関わり、工夫して生活していることを理解しているか？

●顕微鏡などの観察器具を適切に操作して、水中の生物の観察を行い、記録していたか？

◎ 食べ物に注目し、生物同士のつながりについて資料を活用して調べました。食う食われるの関係で食べ物のもとをたどっていくと、自ら養分をつくり出す植物に行き着くことを理解しました。

◎ 生物同士が「食べる・食べられる」の関係でつながっていることに気づき、それを図で整理する活動を通して、次第に食べる生物の体が大きくなり、数が減っていくことを理解していました。

○ 自分たちの食べ物のもとが何であるか、資料を活用しながら調べました。植物と動物という視点で分類して記録することができました。

○ 植物の光合成による酸素と二酸化炭素の関わりと、動物の呼吸によるそれ

らの関わりの関係を図に整理することで、生物は空気を通して深いつなが
りがあることを理解しました。

△ 友達に協力してもらうことでインターネットや図書室の資料から、生物同士の
つながりや水や空気などの環境との関わりについて調べました。今後はその
経験を生かして自分だけで資料を見つけ、まとめられるように助言しました。

△ 生物がどのように養分を得ているかを調べることで、生き物同士が「食べる・
食べられる」という関係でつながっていることが分かりました。それらの関
係がどこまでつながるのか、もう一歩深く調べまとめられるように支援をしま
した。

[思考・判断・表現] 　　　　　　　　　　　　　　　　　　評価のチェックポイント

●生物と環境の関わりについて追究する中で、生物と環境との関わりについて、
より妥当な考えをつくり出し、表現しているか?

◎ 自分たちの暮らしとそれを取り巻く環境との関わりについて意欲的に調べま
した。水や空気、食べ物など様々な視点からそのつながりを調べることで、
人と環境の深い結びつきに対する理解を深めました。自分の考えをレポー
トにまとめ、多くの友達に読んでもらうことで達成感を感じていました。

◎ 生物同士の「食べる・食べられる」関係を図や言葉で整理することで、そ
のつながりや関係について考えをまとめることができました。また、図を活
用し工夫することで、考察をより分かりやすく伝えることができました。

○ 地域の小川に棲んでいるメダカの数が減ってきていることに問題を感じ、メ
ダカが棲み続けるためにはどうしたらよいか考えました。昔と今の環境の変
化を調べることで対策を考え、友達に協力を求めることができました。

○ 私たちが使った水が環境に与える影響を考えました。どのような活動が水
の汚れに影響しているかを調べ、生活の改善方法を考えることができました。

△ 地球の表面の70%が水でおおわれていることに興味をもち、水のことについて調べました。あまりにも漠然と水のことについて調べていたので、調べる視点を絞ったり、同じ内容に興味をもった友達と情報交換をしたりすることで、より効率的に調べることができるように指導しました。

△ 人を含めた生物が水や空気、食べ物を通してどのように関わっているかを調べました。それらの関わりを言葉でまとめることが難しい様子が見られましたので、図を使って整理できるように支援をしました。

[主体的に学習に取り組む態度]　　　　　　　　　　評価のチェックポイント

●生物と環境との関わりに興味・関心をもち、主体的に問題を解決しようとしたり、学んだことを学習や生活に生かそうとしたりしているか？

◎ 地球を取り巻く環境問題に関心をもち、インターネットや本などで進んで調べました。テレビのニュースなどにも目を向け、海面上昇により被害を受けている国があることを知ると、被害の状況や原因を調べ、今の自分に取り組めることを考え、実践しようとしました。

◎ 水が固体・液体・気体と姿を変えることや、川から海へと流れることなどを思い出し、水の行方や使われ方に関心をもち、さらに詳しく調べました。水が自然をめぐりながら、多くの生物の命と深く関わっていることに気づき、水を大切するためのポスターをつくり、呼びかけることができました。

○ 空気の汚染について関心をもち、石油や石炭、天然ガスなどが燃やされ環境に影響を与えていることを理解しました。調べる中で、燃料となる資源が限りあることにも気づきました。人が便利に生活することと環境の問題を深く考えるきっかけになっていました。

○ 人と環境の関わりを調べる活動を通して、様々な問題があることを知り、その解決の方法を進んで友達と話し合うことで、環境を大切にしようとする態度が育ちました。

△ 人がどのようにして食べ物を手に入れているのかを調べました。植物や動物を育てたり、自然から手に入れたりしていることを理解しました。そのことが人や環境に及ぼす影響などについても深く考えることができるように指導してきました。

△ 人と環境の関わりについて調べようとする意欲はありましたが、何について調べたらよいか戸惑う様子が見られました。身近で気になっていることを聞き、一緒に考えることで調べる内容を絞ることができました。

B　生命・地球（土地のつくりと変化）

〔知識・技能〕　　　　　　　　　　　　　　　　評価のチェックポイント

● 土地のつくりと変化を調べるため、ボーリング資料や映像資料などを活用するなど、観察、実験などに関する基本的な技能が身についているか？

● 土地は、れき、砂、泥、火山灰などからできており、層をつくり広がっていること、また、その地層には化石が含まれている物があることを理解しているか？

◎ 火山や地層に含まれる物を調べたり、それらに関する資料を集めまとめたりする活動を通して、火山や地震、流れる水の働きによって土地が変化することなどについて理解を深めました。

◎ 学校周辺のボーリング資料から、周辺の地形と土地のつくりや変化が関係していると考えました。予想を確かめるために実際に近くの地層が見える場所に行き、地層に含まれる物を観察して詳しく調べました。

○ 容器に入れた水の中に、近くで採取した土や砂・小石などを入れたら、川の近くの地層と同じ順番の層ができるのではないかと考え、実験で繰り返し水底にそれらが積もる様子を調べて記録をまとめることができました。

○ 資料から地震や火山の噴火が発生した回数や規模と地形の変化の様子を調べ、それらの活動によって大地が大きく変化していることを理解していました。

△ 地層のでき方を調べる実験では、流れる水の働きで層に分かれることが分かりました。観察した記録をもとに、なぜ層に分かれるのかを友達と話し合い、考えるように指導しました。

△ 地層の観察を通して、それぞれの層に化石やいろいろな構成物が含まれていることに気づきました。地層がどうやってつくられるのかという点にも注目することで理解が深まるため、指導をしてきました。

〔思考・判断・表現〕　　　　　　　　　　　　　評価のチェックポイント

●土地のつくりと変化について追究する中で、土地のつくりやでき方について、より妥当な考えをつくり出し、表現しているか？

◎ 地域にある様々な地層に含まれているものを調べ、海の生物の化石や河原で見られるれきなどの堆積物が含まれていることから、流れる水の働きでできた地層だということを図に示して説明していました。

◎ インターネットを通して世界中の地層の写真や周辺の情報を集め、その土地の地層がどのようにできて変化したかを地震や火山の噴火などの自然現象との関わりを根拠にしながら発表することができました。

○ 自分たちが生活している地面の下の様子がどうなっているか話し合ったり、身近な地層を観察したりすることを通して、土地のつくりや変化の様子を考え、友達に伝えることができました。

○ 火山活動や地震が大地にどんな変化を与えるか進んで調べました。過去に起こった噴火や大きな地震とその後に見られた地形の変化から、それらを結びつけて考えることができました。

△ 地域の地層を見に出かけた時には、地層が縞模様になっている様子に興味をもっていました。疑問に思ったことを解決するために何を調べたらよいか考えられるように支援をしてきました。

△ 観察した地層の様子を丁寧に記録していました。観察して気づいたことや資料を使い調べたことをもとに、地層のでき方について友達と話し合えるように声をかけてきました。

〔主体的に学習に取り組む態度〕　　　　　　　　　評価のチェックポイント

●土地のつくりと変化に興味・関心をもち、主体的に問題を解決しようとしたり、学んだことを学習や生活に生かそうとしたりしているか？

◎ 地域の地理に詳しい人がいると聞くと進んで話を聞きに行き、自分が調べたことや観察したから考えたことが正しいか意見を聞いていました。また、分かった情報を友達と共有していた点もよかったです。

◎ 地層を調べて分かった断層や地震により、今後土地の変化の可能性があり危険な状態であることを知りました。それらを分かりやすくまとめ、友達や地域の方に発信することができました。

○ 近所で採取した、れき・砂・泥が混ざった土を水の入ったペットボトルの中に入れ、層の重なり方を進んで調べました。また、採取する場所を変えたり、友達の物と比べたりして詳しく観察していました。

○ 地層の中に含まれる物に興味をもち進んで調べていました。場所を変えて詳しく観察し、珍しい物を見つけるとそれが何かを資料で確かめ発表していました。

△ 火山の活動や地震などによる大地の変化を調べる活動では、何を中心に調べたらよいか悩む様子が見られました。難しく考えず、気になったことは何でも調べてみようとする気持ちを育んできました。

△ 火山の働きについて調べ学習を行った際に、資料を上手く見つけることが
　できない様子で困っていました。図書室に一緒に行き、資料の見つけ方を
　説明しました。

B　生命・地球（月と太陽）

〔知識・技能〕　　　　　　　　　　　　　　　評価のチェックポイント
●月の輝いている側に太陽があること、月の見え方は太陽と月の位置関係によって変わることを理解するとともに、観察、実験などに関する基本的な技能が身についているか？

◎ 太陽と月の表面の様子に興味をもつと、双眼鏡や遮光板で観察したり、イ
　ンターネットを活用して情報を集めたりしました。調べて記録した情報を整
　理してまとめることで理解を深めていました。

◎ 月の形の見え方は、太陽との位置関係による光の当たり方で変わるという
　自分の仮説を証明するために、ボールを使ったモデル実験を行いました。
　実験で証明することで、月の見え方についての理解を深めました。

○ 月の表面の様子について、映像や資料などを活用し進んで調べていました。
　また、太陽の表面についても調べ、月と比べながら違いをまとめることがで
　きました。

○ 月と太陽の位置関係や月の見え方を毎日観測し、根気よく記録することで、
　月の見え方は地球から見た月と太陽の位置関係によって変わることを確実
　に理解しました。

△ 月の形の見え方が日によって変わることは理解していますが、月と太陽の位
　置関係の理解が不十分でした。図に示しながら繰り返し説明することで納
　得していました。

△ 月と太陽の表面の様子を調べた際には、表面の写真の様子を見て確認しただけになってしまっていたので、月と太陽の表面の様子を比べながら、その特徴を言葉でまとめるように指導しました。

〔思考・判断・表現〕　　　　　　　　　　　　　　　　評価のチェックポイント

●月の形の見え方と月と太陽の位置関係を多面的に調べる活動を通して、月の見え方について、より妥当な考えをつくり出し、それを表現しているか？

◎ 月と太陽との位置関係で光の当たり方が変わるのではないかと考えると、自分の仮説が正しいか証明するために、ボールを使ったモデル実験を行いました。実験で確かめることで、根拠のある説明をすることができました。

◎ 日によって月の形が変わって見える原因を探るため、進んで調べました。毎日、月の様子を観察することで、太陽と月の位置が関係しているのではないかと考え、観測の記録を根拠に発表することができました。

○ 月の見え方と太陽の位置の観測結果をもとに、その後の変化の様子を予想して発表することができました。

○ これまでの観測やモデル実験の結果から、太陽に照らされた部分だけが見え、それによって月の形の見え方が変わっていくことを予想し、分かりやすく説明することができました。

△ 月と太陽の位置関係をつかむのに苦労していましたが、ボールを使ったモデル実験を通して、月の見え方と位置の関係をとらえることができました。

△ 月と太陽の位置関係を理解できず、戸惑う様子が見られました。ボールを月に見立てたモデル実験で、ボールをもち太陽に見立てた電灯の周りを実際に動くことで、その位置関係をとらえることができました。

●月の形の見え方と月と太陽の位置関係に興味・関心をもち、主体的に問題を解決しようとしたり、学んだことを学習や生活に生かそうとしたりしているか？

◎ 月の見え方と太陽の位置の関係について話し合った時には、疑問に思ったことを話題に挙げて話し合い、友達の考えや自分で進んで調べたことを整理して理解を深めようと粘り強く課題に取り組みました。

◎ 月の見え方や表面の様子を調べる活動を通して、宇宙の不思議さと魅力に気づきました。他の天体の様子にも興味をもち、進んで調べる様子が見られました。

○ 月の形の見え方について話し合った際には、月について知っていることや疑問に思ったことを進んで発表しました。友達から疑問として挙がったことについても解決しようと積極的に調べることができました。

○ 月の写真やこれまでの経験から、気づいたことや、疑問に思ったことを進んで話し合いました。友達が発言した「日によって月の形の見え方が違うのはなぜか」という疑問を解決するための方法を考え、意欲的に調べることができました。

△ 月の様子を進んで観察して記録しましたが、継続的に調べることができなかったので変化の様子を正確にとらえることができませんでした。根気よく観察することで、課題の解決につなげられるように指導しました。

△ 月の形が変わって見えることに興味をもち、進んで話合いに参加し、調べる方法を考えました。実際に調べる場面になると、継続的に観察したり、記録をまとめたりすることができなかったので、友達とも協力するなどして地道に月の様子を調べられるように励ましました。

音楽

指導要録の観点とその趣旨	
観点	趣旨
❶知識・技能	●曲想と音楽の構造などとの関わりについて理解している。 ●表したい音楽表現をするために必要な技能を身に付け、歌ったり、演奏したり、音楽をつくったりしている。
❷思考・判断・表現	●音楽を形づくっている要素を聴き取り、それらの働きが生み出すよさや面白さ、美しさを感じ取りながら、聴き取ったことと感じ取ったこととの関わりについて考え、どのように表すかについて思いや意図をもったり、曲や演奏のよさなどを見いだし、音楽を味わって聴いたりしている。
❸主体的に学習に取り組む態度	●音や音楽に親しむことができるよう、音楽活動を楽しみながら主体的・協働的に表現及び鑑賞の学習活動に取り組もうとしている。

A　表現（歌唱）

[知識・技能]　　　　　　　　　　　　　　　　　　　　評価のチェックポイント

●曲想と音楽の構造や歌詞の内容との関わりについて理解しているか？

●思いや意図に合った表現をするために範唱を聴いたり、ハ長調やイ短調の楽譜を見たりして歌っているか？

●呼吸及び発音の仕方に気をつけて、自然で無理のない、響きのある歌い方で歌っているか？

●各声部の歌声や全体の響き、伴奏を聴いて、声を合わせて歌っているか？

◎　「○○」の合唱では、歌詞に込められた気持ちを感じ取りながら、明るく響きのある歌声で歌うことができました。また、他のパートの歌声や伴奏をよく聴いて、声を合わせて歌うことができました。

◎ 「○○」の学習では、全員が同じ旋律を歌うところと、2つのパートが互いに呼びかけ合うように歌うところの違いに気をつけて歌うことができました。

○ 「○○」の合唱では、旋律の音の上がり下がりや付点8分音符の弾んだリズムに気をつけて歌うことができました。

○ 「○○」の二部合唱では、呼吸の仕方や発音に気をつけて、正しい音程で歌うことができました。

△ なかなか正しい音程で歌うことができずにいたので、同じパートの友達の歌声や伴奏をよく聴いて歌うよう繰り返し指導しています。

△ 高い音程の声を出すことに苦手意識があったので、呼吸の仕方や歌う時の姿勢を指導しました。力を抜いてリラックスして歌うことで、高い音程の声が出るようになってきました。

〔思考・判断・表現〕　　　　　　　　　　　　　　　評価のチェックポイント

●スタッカートやスラーなどの表現方法や、声の音色、強弱、速度の変化などの歌唱表現についての知識や技能を生かしながら、曲の特徴にふさわしい表現を工夫しているか？

●歌唱表現を工夫する根拠をもち、曲の特徴に合わせて表現をつくり出し、どのように歌うかについて思いや意図をもっているか？

◎ 「○○」の合唱では、力強い曲想に合った表現をするために、1つ1つの言葉をはっきりと丁寧に歌う工夫をしました。さらに、声の強弱も加えることで素晴らしい合唱に仕上がりました。

◎ 歌詞に込められた「ふるさとを懐かしく想う気持ち」を表現するために、フレーズのまとまりを大切にしたり、声の音色や強弱を変化させたりする工夫を考えることができました。

○ 「○○」の合唱では、歌詞の表す情景を思い浮かべながら、強弱記号に気をつけて歌うと曲想に合う表現になることに気づきました。

○ ○○の学習では、テンポがゆったりとしていることや拍子が分かりにくいことなど、日本に古くから伝わる歌の特徴を感じ取ることができました。

△ 曲想に合った歌い方が分からないと悩んでいました。歌詞の内容や気持ちを丁寧に読み取り、情景を思い浮かべて歌うよう指導しました。

△ 曲の特徴をつかむのが苦手な○○さんでしたが、強弱や速度などの意味や仕組みを繰り返し指導することで、少しずつ理解できるようになってきました。

[主体的に学習に取り組む態度]　　　　　　　　　　　　評価のチェックポイント

●主体的に歌唱表現に関わり、友達と一緒に音楽活動をする楽しさを味わっているか？

●様々な音楽に親しみ、音楽経験を生かして生活を明るく潤いのあるものにしようとしているか？

◎ 「○○」の二部合唱では、高音パートのパートリーダーとして活躍しました。自分たちの歌の課題を見つけるとすぐに同じパートの友達に伝えるなど、積極的に練習に取り組む姿が立派でした。

◎ ○○の学習では、声の種類に興味をもち、自分はどの音域の声が出しやすいのか歌いながら確認していました。特に、バスやテノールなどの低い音域の声に興味をもち、声の響きの面白さを味わっていました。

○ ○○の学習では声の重なりや伴奏の響きに関心をもち、進んで歌おうとしていました。

○ 歌を歌うことに関心をもち、合唱の練習に前向きに参加しています。

△ 朝の会や音楽の時間に歌うことをためらっている姿が見られました。テレビ等でよく耳にする歌を朝の会で歌うなどして、歌うことの楽しさを味わえるよう指導しています。

△ みんなの中で歌うことが恥ずかしいと、小さな歌声になってしまうので、友達と一緒に何回も歌うことで自信がもてるよう励ましています。

A　表現（器楽）

〔知識・技能〕　　　　　　　　　　　　　　　　評価のチェックポイント

●曲想と音楽の構造との関わりについて理解しているか？

●多様な楽器の音色や響きと演奏の仕方との関わりについて理解しているか？

●範唱を聴いたり、ハ長調及びイ短調の楽譜を見たりして演奏しているか？

●音色や響きに気をつけて、旋律楽器及び打楽器を演奏しているか？

●各声部の楽器の音や全体の響き、伴奏を聴いて、音を合わせて演奏しているか？

◎ 「○○」の合奏では、木琴（鉄琴）を担当しました。曲のイメージに合った音色になるよう、マレットで打つ強さを変えて演奏するとよいことに気づいていました。

◎ 旋律の音の上がり下がり、リズム、強弱を理解し、曲全体のバランスを考えて演奏することができました。パートリーダーとしてグループをまとめる活躍も素晴らしいです。

○ リコーダーの二重奏では、ハ長調とは異なるイ短調の響きを感じ取りながら、美しい音色で演奏することができました。

○ 「○○」の合奏では、主旋律や伴奏をよく聴いて練習をすることで、難しいリズムの旋律もスムーズに演奏していました。

△ 1人で楽器を演奏することが不安な様子でしたが、同じパートの友達と一緒に練習することで、1人でも演奏できるようになってきました。

△ 3つの音が重なっている和音を演奏することに苦戦していました。2つに音を減らして練習してから、3つの音に増やすことで、少しずつ演奏できるようになってきました。

[思考・判断・表現]　　　　　　　　　　　　　　　　　　評価のチェックポイント

● スタッカートやスラーなどの表現方法や、声の音色、強弱、速度の変化などの器楽表現についての知識や技能を生かしながら、曲の特徴にふさわしい表現を工夫しているか？

● 器楽表現を工夫する根拠を曲の特徴に求めて表現をつくり出し、どのように演奏するかについて思いや意図をもっているか？

◎ 「○○」の合奏では、それぞれのパートの役割について考え、ふさわしい楽器を選んでいました。主な旋律を目立たせるためには、かざりの旋律の楽器との音のバランスが大事であることに気づいていました。

◎ 曲のイメージに合う演奏をするために、様々な楽器の音色を重ねて聴く活動を繰り返し、使う楽器の組み合わせを工夫していました。よりよい音を見つけるまで粘り強く取り組む姿は、大変立派です。

○ ○○の学習では、2つの旋律が呼びかけ合う面白さを感じ取り、主旋律が引き立つ強さで演奏する工夫を考えました。

○ ○○の学習では、2段目と4段目の和音伴奏が同じで、3段目が大きく変化していることに気づいていました。

△ 「○○」の曲のリコーダー奏では、曲のイメージをつかめずにいました。挿絵や実際の写真を見て情景を想像したり、範唱を繰り返し聴いたりすることで、少しずつイメージをもてるようになりました。

△ 他のパートと音がずれてしまうことを悩んでいました。メトロノームを使って拍を感じ取りながら演奏することで、主旋律と副次的な旋律の音の重なりを意識するよう指導しました。

〔主体的に学習に取り組む態度〕　　　　　　　　評価のチェックポイント

●主体的に器楽演奏に関わり、友達と一緒に音楽活動をする楽しさを味わっているか？

●様々な音楽に親しみ、音楽経験を生かして生活を明るく潤いのあるものにしようとしているか？

◎ 「○○」の合奏では、○○のパートリーダーとして活躍しました。友達に難しいリズムをスムーズに演奏できるようマレットのもち方を教えたり、拍をそろえるために手拍子をしたりと熱心に練習する姿に感心しました。

◎ 箏や尺八など和楽器の旋律楽器に興味をもち、楽器の仕組みや音の出し方の違いを調べるなど意欲的に学習に取り組みました。また、尺八の音を出せるようになりたいと、休み時間に何度も繰り返し練習する○○さんは、大変立派です。

○ 「○○」のリコーダー奏では、きれいな高音を出せるようになりたいと、友達にサミングのコツを教えてもらって熱心に練習していました。

○ 「○○」の合奏では、大太鼓の担当になり小太鼓やシンバルの友達と一緒に範奏に合わせて練習している姿が印象的でした。

△ リコーダーの二重奏の副次的な旋律が難しいと諦めていましたが、主旋律パートの友達に教えてもらいながら、少しずつ練習に取り組むようになってきました。

△ 打楽器のリズムがとれずに苦労していましたが、リズム譜にタンやタタなど言葉を付け加えることで自信がつき、楽しく活動する様子が見られるようになりました。

教科
音楽

A　表現（音楽づくり）

◎　打楽器を使ったリズムアンサンブルづくりの学習では、ラテン楽器と和楽器
の音色の特徴を生かして、豊かな響きのある音楽に仕上げていました。ア
ゴゴベルの軽快なリズムが印象的でした。

◎　○○の学習では、和音にふくまれる音から1つの音を選び、テーマに沿っ
た旋律をつくることができました。1つずつ楽器の音が減っていく終わり方
が見事でした。

○　音楽室にある楽器の中から、3つの異なる音色の楽器を選んで、リズムア
ンサンブルをつくることができました。

○　○○の学習では、日本の音階（5音音階）を使って、2小節の旋律をつくる
ことができました。

△　曲が終わる感じにならないと困っていた○○さん。最後の音を変えたり四
分休符で終わらせたりするなどのヒントをもとに、曲を完成させることがで
きました。

△　和音伴奏づくりの学習では、和音のリズムをなかなか決めることができず
にいました。最初と最後の部分は同じリズム・パターンを繰り返すことや中
間部は変化を加えることを指導しました。時間はかかりましたが、自分の力
で和音伴奏をつくることができました。

〔思考・判断・表現〕　　　　　　　　　　　　　　　　　　　　評価のチェックポイント

●音楽づくりについての知識や技能を得たり生かしたりしながら、即興的に表現することを通して様々な発想を得ているか？

●音を音楽へと構成することを通して、どのように全体のまとまりを意識した音楽をつくるかについて思いや意図をもっているか？

◎　リズムアンサンブルづくりの学習では、同じ材質の打楽器のトライアングルとシンバルを組み合わせると、響きがとけ合ってまとまった感じになることに気づいていました。また、曲想にぴったりの題名をつけた○○さんのセンスのよさが光りました。

◎　同じリズム・パターンを繰り返し打つ間に、違うリズム・パターンを重ねていくと面白い音楽になることに気づいていました。さらに、速度を徐々に速くすることで、スピード感が出るように演奏する工夫もしていて感心しました。

○　声のアンサンブルづくりでは、テーマに沿った曲をつくるために3つの和音の響きを生かしながら、リズムや強弱で変化をつける工夫をしました。

○　リコーダーの旋律づくりでは、曲の山に向かって少しずつ音を高くしたり、音を重ねたりすることで、盛り上がるよう工夫をしていました。

△　暗く怖いイメージの曲にするためにはどうしたらよいのか悩んでいました。音の高さを低くすることや音の上がり下がりを少なくするよう指導することで、自分なりに旋律をつくることができました。

△　○○の学習では、旋律に合ったリズム伴奏づくりで使う楽器選びに悩んでいました。グループの友達と同じ材質の楽器を選ぶと響きがよいことを指導し、友達と相談しながら楽器を選ぶことができました。

教科
音楽

●主体的に音楽づくりに関わり、友達と一緒に音楽活動をする楽しさを味わっているか？

●様々な音楽に親しみ、音楽経験を生かして生活を明るく潤いのあるものにしようとしているか？

◎　生活の中にある音をヒントに旋律をつくろうと、学校のチャイムや放送の音楽などをよく聴いていました。登下校中にもいろいろな音を見つけたとうれしそうに話す姿が印象的でした。

◎　リズムアンサンブルの学習では、曲想に合ったリズムを選ぶために、グループの中心になって話合いを進めました。友達がつくったリズムを何度も繰り返し聴いている姿に感心しました。

○　○○の学習では、グループのみんなでつくった旋律をどんな楽器を使って演奏したらより元気な感じが伝わるのか、自分の意見を伝えることができました。

○　春の情景をイメージした音楽づくりをしたいと、中休みに桜の花びらが散る様子や蝶が飛ぶ様子を観察して、それを音楽に表現していました。

△　最初と最後の部分しか旋律をつくることができませんでしたが、友達のつくった旋律を聴きながら、中間部の旋律をつくろうと努力する姿が見られました。

△　音楽づくりに苦手意識がありましたが、既習したリズム・パターンの中から選べるようにすることで、楽しみながらリズムアンサンブルをつくることができました。

B 鑑賞

●曲想及びその変化と、音楽の構造との関わりについて理解しているか？

◎ 「○○」の曲を聴いて、詞を声に出して読んだ時の言葉のリズムや発音が、そのまま旋律になっていることに気づいていました。ゆったりと穏やかな感じから動きのあるにぎやかな感じに変わったのは、箏と尺八の旋律の動きが激しいことや曲の速度が徐々に速くなったりリズムが細かくなったりしたことだと気づいていました。

◎ ○○の学習では、日本楽器と西洋楽器で演奏された○○の曲を聴き、それぞれの楽器の音色や速度の違いが曲想に影響していることを理解していました。

○ 世界の国々の音楽は、楽器の音色やリズムに特徴があることに気づいていました。

○ 日本各地に伝わる民謡や子守歌は、それぞれの声の出し方や音階が曲想の違いを生んでいることに気づいていました。

△ ○○の学習では、教科書の楽譜を指でたどりながら聴くよう声をかけました。繰り返し指導することで、旋律の上がり下がりを意識できるようになってきました。

△ ○○の学習では、曲に合わせて指揮をしながら拍の流れを感じ取って聴くよう指導しました。指揮をすることで、強弱や速度の変化に気づくことができるようになってきました。

教科
音楽

163

[思考・判断・表現] 評価のチェックポイント

●鑑賞についての知識を得たり生かしたりしながら、曲や演奏のよさなどを見
いだし、曲全体を味わって聴いているか?

◎ ○○の鑑賞では、それぞれのパートの声が重なって生まれる響きの美しさ
を感じ取って聴くことができました。自分もソプラノパートのきれいな声が出
せるようになりたいと、何度も繰り返し曲を聴いている姿に感心しました。

◎ ○○の鑑賞では、弦楽器の音の重なりや和音の響きを感じ取っていました。
弦楽器の種類によって音色の違いがあることを知り、他の曲も聴きたいと
意欲的に学習に取り組む姿が印象的でした。

○ ○○の鑑賞では、金管楽器の力強い旋律と繰り返すたびに強く激しくなる
打楽器のリズムから、いきいきとした感じを聴き取ることができました。

○ 諸外国の音楽を聴いて、それぞれの旋律やリズムの面白さを感じ取ること
ができました。

△ 鑑賞の学習に苦手意識がありましたが、オーケストラとピアノの連弾で演奏
した場合の曲を聴き比べることで、雰囲気の違いを感じ取って聴くことがで
きるようになってきました。

△ 鑑賞した曲の曲想を言葉で表現するためには、強弱、リズム、速度などの
変化に気づくとよいことを指導し、少しずつワークシートに書くことができる
ようになってきました。

〔主体的に学習に取り組む態度〕　　　　　　　　　　評価のチェックポイント

●主体的に音楽を聴いたり友達と一緒に音楽を聴いたりする楽しさを味わって
いるか?

●様々な音楽に親しみ、音楽経験を生かして生活を明るく潤いのあるものにし
ようとしているか?

◎　雅楽、狂言、歌舞伎、文楽などの我が国の音楽に興味をもち、それぞれ
の言い回しや動きを真似て楽しみながら聴いている姿が印象的でした。ま
た、使われている言葉の意味を本やインターネットで調べていて感心しまし
た。

◎　○○の学習では、諸外国の歌や楽器に興味をもち、体でリズムを感じ取り
ながら聴いている姿が見られました。実際に使われている楽器を見せると、
CDの曲に合わせて演奏したいと目を輝かせていました。

○　「○○」の曲を聴いて、オーケストラで使われている楽器の名前と音の出し
方を知りたいと、自主学習で詳しく調べていました。

○　○○の学習では、ソプラノやメゾソプラノなど高い音域の声に興味をもち、
声の響きの面白さを味わっていました。

△　鑑賞の学習になるといつも下を向いていましたが、友達と一緒に曲に合わ
せて指揮をしながら聴くことで、楽しみながら音楽を聴く姿が見られるよう
になりました。

△　1つの曲を最後まで集中して聴くことができるようにするために、箏の奏法
や音の出る仕組みを学習してから曲を鑑賞しました。実際に演奏したことを
思い出しながら聴くことで、集中して学習に取り組むことができました。

図画工作

指導要録の観点とその趣旨	
観点	趣旨
❶知識・技能	●対象や事象を捉える造形的な視点について自分の感覚や行為を通して理解している。 ●材料や用具を活用し、表し方などを工夫して、創造的につくったり表したりしている。
❷思考・判断・表現	●形や色などの造形的な特徴を基に、自分のイメージをもちながら、造形的なよさや美しさ、表したいこと、表し方などについて考えるとともに、創造的に発想や構想をしたり、親しみのある作品などから自分の見方や感じ方を深めたりしている。
❸主体的に学習に取り組む態度	●つくりだす喜びを味わい主体的に表現したり鑑賞したりする学習活動に取り組もうとしている。

A 表現（造形遊び）

〔知識・技能〕　　　　　　　　　　　　　　　　　評価のチェックポイント

●材料の形や色、大きさなどの特徴や、その時、その場の特徴をもとにして、楽しく造形活動をしているか？

●自分らしい楽しいアイデアを見つけ、自分なりの表し方を工夫しているか？

●新たな表し方や楽しい発想を取り入れ、人に伝えることを意図するなどして、表し方を工夫しているか？

◎ 作品をつくる時には、いつも新しい方法が取り入れられないか考えています。スパッタリングやマーブリングなどの技法を取り入れたり、発泡スチロールカッターや糸のこぎりなどのいろいろな道具を使ったりして、新しい表現の可能性を広げていこうとしていて、素晴らしいです。

◎ 「○○」の学習では、つくり出そうとしている空間の様子に合った材料の組み合わせ方をいくつも試して比較し、工夫することができました。

○ 木切れなどの形を見つめながら、何に使えるかを考え、他の木と組み合わせ、その特徴が出るように、自分の考えを十分に表現することができました。

△ とてもユニークなアイデアが次々とあふれてくるのですが、実際に形をつくっていく時に思うようにいかず、作業に集中できなくなる時がありました。落ち着いて丁寧に作業に取り組んで、アイデアを形にできるよう励ましています。

△ ひらめきはとてもよいので、さらに、材料をいろいろな角度から見られるようになると、個性的な作品に仕上げることができるので指導をしてきました。

〔思考・判断・表現〕 　　　　　　　　　　　　　　　　評価のチェックポイント

● 材料や場所、環境に働きかけ、視覚的な効果や意外性、ユーモアのある発想を考え、人や自然に関わる楽しい造形活動を考えているか？

● 造形体験をもとに、発想を広げ、自分らしい表現や人に伝えることを考えて造形活動を構想しているか？

● 新しい発想やアイデア、よさや美しさ、ユーモアなどの感覚を働かせているか？

◎ 発泡スチロールを使った作品など、とても夢があり、他の友達には考えつかないアイデアで仕上げることができました。作品の心が見えてくるようです。

○ 「○○」の学習では、活動場所の様子を生かして、美しい水の形や色の表し方を何度も試みることができました。

○ 「○○」の学習では教室の照明を考えました。どこにどんな明かりをつけるとより美しくなるか、いろいろと試しながら取り組みました。「もっとやわらかい光にしたいな。ライトに柔らかくて薄い布をかけてみたらどうだろう」とア

イデアを進んで作品に生かしていました。

△　絵の具や彫刻刀の使い方が上手にできました。さらに、造形活動が楽しく
　　なるために自分の身近な物からアイデアを思い浮かべるように声をかけてき
　　ました。

△　発想は豊かで、設計の段階までは素晴らしい作品になっています。実際に
　　つくる時、発想が生かされるよう指導してきました。

〔主体的に学習に取り組む態度〕　　　　　　　　　　　　　　評価のチェックポイント

●新しい発想を生み出そうと表し方を工夫して、楽しい造形活動を発想しよう
　としているか？

●対象にあこがれをもって見たり、批判的に見たりしようとしているか？

◎　共同制作では、グループのリーダーとして進んで作業に取り組んでいました。
　　○○さんの豊かな想像力が、グループの友達のアイデアもふくらませていき
　　ました。地球をイメージした作品も素晴らしかったです。

○　「○○」の学習では、教室の中にある物で何か作品ができないか考えてい
　　ました。物をつくることに楽しみを見いだしています。自分が使った物やつくっ
　　た形にどんな意味があるのかをよく話していました。

○　「○○」の学習では、光を通して生まれる形や色を生かし、自分なりの思い
　　をもって進んで活動することができました。友達と協力しながら光を使って
　　場所の雰囲気を変えようとしていました。

△　絵をかいたり、デザインした物をつくったりする活動に楽しく取り組めるので
　　すが、材料や道具が揃わずに、作品づくりに支障をきたすことがあり残念
　　でした。自分が使いたい材料を計画的に用意することも大切な学習ですの
　　で、日頃から心がけて準備できるよう声をかけています。

△ つくることに対して、苦手と感じることがあるようですが、きちんと作品に仕上げることができます。自分の思いを表現できるよう励ましてきました。

A　表現（絵や立体、工作）

> 〔知識・技能〕　　　　　　　　　　　　　　　評価のチェックポイント
>
> ● 材料や表し方を、表したいことに合わせて選び、試し、見つけたものを使っているか？
>
> ● 自分の表現を振り返ったり、新たなものを加えたり、部分から取り替えたり、自在に進めながら、自分の表し方で表現しているか？
>
> ● 前学年までに経験した用具に慣れるようにするとともに、手入れをしたり、大切にしたりしているか？

◎ 糸のこぎりを使った作品づくりでは、自分の思い描いた通りに機械を動かし、板の切り方をはじめ、組み合わせ方、材料の形や色などを工夫して作品に表すことができました。

○ 糸のこぎりを使った木のジグソーパズルの製作に楽しく取り組むことができました。刃のつけ方も正しく覚えて、友達が刃を取りつける時にはアドバイスもしていました。

○ 「○○」では、自分のイメージに合わせて作品をつくり、新たに加えたり削ったりしながら、自分なりの方法で仕上げることができました。

○ 「○○」の学習では、粘土の感触を確かめ、手の様々な部位を使いながら、自分の思い浮かべた形に迫ろうとする姿が見られました。

△ 版画の学習では、○○をしている自分の姿を画面いっぱいに表現しました。彫刻刀の手入れが不十分で、自分が思うような効果が得られず残念そうでした。今回の経験から道具を大切にすると、自分のイメージに合った作品をつくることができると助言しました。

△ 版画では、彫刻刀の使い方がやや不安定でしたが、だいぶ慣れてきました。これからも使う機会を多くし、努力できるよう声をかけてきました。

〔思考・判断・表現〕　　　　　　　　　　　　　評価のチェックポイント

● 使ってみたい材料や用具を選び、表現方法を試したり、やり直したりしながら構想しているか？

● 形や色、材料の特徴や構成の美しさなどを楽しく構想し、計画しているか？

● 自分の思いなどを人に伝えるもの、大きな飾りにするものなど、見通しをもって考えているか？

◎ 童話をモチーフにした作品を制作した時には、身の回りにある材料から作品のイメージをふくらませることができました。雪を表現するために綿を用いたり、光を表現するためにビーズを用いたりして本当に童話の1ページのような作品になりました。

○ 多色刷り版画の制作の時には、何度も教師に相談しながら構図を考えました。色の重ね合わせ方が効果的になるように工夫し、迫力ある作品に仕上げることができました。

○ 「○○」の学習では、いろいろな方向から作品を見て、板と板の組み合わせを試しながら、板の重なりに工夫が見られる作品に仕上げることができました。

△ よい作品をつくりたいという思いから、自分のイメージ通りに進んでいないと制作の途中からでも作品をつくり直すことが何度かありました。制作に入る前にしっかりと見通しをもって取り組んでいけるよう声をかけてきました。

△ 発想はよいのですが、材料の選択で迷い、どのようにまとめていくのかで少し悩んでいたようです。材料が決まるとイメージを豊かに広げることができました。

●材料や用具を選び、表現方法を試したり、やり直したりしながら表現の楽し
　さを味わっているか?

●友達の作品を見たり、自分の作品を見せたりして、自分の表し方で表現して
　いるか?

◎　納得できる作品ができるよう、友達や教師によく相談しながら作業を進めて
　　いました。友達の表現でよいと思うことは積極的に取り入れていました。自
　　分のイメージ通りに表現できた時には、とても満足そうな表情で作品をクラ
　　スのみんなに見せていました。

○　「○○」の学習では、身近なアニメーションの種類や動く仕組みの効果につ
　　いて興味をもち、連続して動いて見える楽しさを味わうことができました。

○　「○○」の学習では、物語の中で心が動いた情景を想像し、絵に表すこと
　　ができました。

△　ポスターの制作では、自分の伝えたいことがなかなか決められずに悩んで
　　いました。そのため、「友達のアイデアを参考にして考えてみよう」と助言し
　　たところ、近くの川が汚れていることをテーマに制作に取り組むことができま
　　した。

△　「○○」の学習では、絵に表す風景を見つけることができずにいました。毎
　　日の生活を教師と一緒に思い出しながら、○○の風景に決め、絵に表すこ
　　とができました。

教科
図画工作

B 鑑賞

●表現する人の意図や思い、特徴などについてとらえているか？

◎ 作品鑑賞では、つくった人の意図や思いを想像し、これまでの自分の作品
と比べながら、その作品の形や色、表現の仕方などをしっかりとまとめてい
ました。

○ 展示された作品を鑑賞した時、その特徴を見つけ出し、配色の素晴らしさ
を伝えていました。

△ 鑑賞への興味が薄い様子だったので、どういう思いでこの作品をかいたか
想像するよう助言してきました。

〔思考・判断・表現〕　　　　　　　　　　　　　　評価のチェックポイント

●作品の意図を考えたり、同じテーマの他の作品と見比べたりしながら鑑賞し
ているか？

●自分の幼児期からの表し方の変化、友人の表現の変容、時代や地域によって
表し方が違うことをとらえているか？

●美術作品をいろいろな角度から見ているか？

●暮らしの中の作品などの意図や特徴を、思いのままに感じ取り、自分の表現
のヒントとしているか？

◎ 「○○」の鑑賞の学習では、作品の表し方のよさに気づくだけでなく、同じ
物語を表していても、人によってそれぞれ選ぶ場面や表し方が違うことにも
気づくことができました。

○ 友達のつくった作品について、どこにそのよさがあるのかを見つけ出し、作
品の特徴をとらえて、クラスのみんなの前で発言することができました。

○ アートカードを使った学習では、作品の形や色、イメージなどから感じたことや想像したことを話し、作品を味わうことができました。

○ 生活の中にある作品を、いろいろな角度から見つめることができます。また、自分の考えを発表することもできました。

△ 身の回りの自然には、美しいデザインやユニークな形があふれています。いろいろなものに目を向けて、自分の作品に生かしていけると造形活動がより楽しいものになると助言しました。

△ 鑑賞の学習の時に、友達の作品のよさに気づけない場面がありました。作品をいろいろな角度から鑑賞し、よさを見つけられるように声をかけました。

〔主体的に学習に取り組む態度〕　　　　　　　　　評価のチェックポイント

●自分が見つけたり、素晴らしいと思った作品を進んで友達と紹介し合っているか？

●つくり出す喜びを味わい、主体的に鑑賞する学習活動に取り組もうとしているか？

◎ 友達がつくった作品にとても興味をもっています。どんな作品にもよさがあることを、みんなに一生懸命伝えている○○さんの姿はクラスのみんなのお手本です。

○ 友達と作品を見せ合う中で、形の面白さを身近な建物に例えており、自分の思いを伝えようとする姿がよかったです。

△ 鑑賞では、作品に対しての興味がもてませんでした。自分の作品だけでなく、他の作品をいろいろな視点から見ると、自分の作品にも生きるということを指導してきました。

家庭

指導要録の観点とその趣旨	
観点	趣旨
❶知識・技能	●日常生活に必要な家族や家庭、衣食住、消費や環境などについて理解しているとともに、それらに係る技能を身に付けている。
❷思考・判断・表現	●日常生活の中から問題を見いだして課題を設定し、様々な解決方法を考え、実践を評価・改善し、考えたことを表現するなどして課題を解決する力を身に付けている。
❸主体的に学習に取り組む態度	●家族の一員として、生活をよりよくしようと、課題の解決に主体的に取り組んだり、振り返って改善したりして、生活を工夫し、実践しようとしている。

A 家族・家庭生活
(1) 自分の成長と家族・家庭生活

〔知識・技能〕 評価のチェックポイント

●家族とのふれあいや家庭生活を支えているもの、家族の一員として仕事を分担することの大切さなどを理解しているか?

◎ 家族の生活を支える様々な仕事をワークシートに書き出しました。図書室の本やインターネットで調べたり、家の人に聞いたりしながら、それらの仕事について詳しくまとめることができました。

◎ 家族の生活を支える様々な仕事について調べる活動を通して、それらを分担・協力して行う必要があることを理解していました。自分にできる仕事はないか考え、見つけた仕事に継続して取り組むことができました。

○ 家族の生活を支える仕事にはどのようなものがあるのかについて、分かったことをワークシートにまとめることができました。調べて分かったことを発表することもできました。

○ 自分の家族の生活や身の回りのことを思い浮かべながら、家族の生活を支える仕事には料理や洗濯などの仕事があることを見つけ、調べたことをワークシートにまとめることができました。

○ 家族の生活を支える仕事について調べる活動を通して、自分にできそうな仕事を見つけて、続けて取り組むことができました。

△ 家族の生活を支える仕事について、ワークシートに書き出しました。家族の一員としての自分の仕事を見つけて実践できるよう、もう一度1日の生活を振り返るように指導しました。

△ 家族の生活を支える仕事について、調べてまとめました。家族の生活を支える仕事の中で自分にできそうなものはないか、身の回りの生活と結びつけて考えるよう指導しました。

教科
家庭

[思考・判断・表現]　　　　　　　　　　　　評価のチェックポイント

●家族とのふれあいや、自分の分担する仕事に対して、考えたり工夫したりして取り組んでいるか？

◎ 家族を構成する一員として、分担した自分の仕事に対して責任をもち、見通しをもって計画を立て、分担した仕事に意欲的に取り組むことができました。

◎ 仕事の効率的な方法や生活のどの場面で行うかなどを、自分なりに考えて実践していた様子が、発言やノートなどから伝わってきました。いつ、どの順でやるとよいかなど、工夫して考えている点が素晴らしかったです。

○ 自分の分担した仕事を、いつ、どのような方法で行うかを考え、計画を立

てて実行することができました。

○　食器の洗い方を家族に聞いたり、朝、新聞を取りに行く時間を決めたりして、
　　自分が分担する仕事について工夫して取り組むことができました。

○　自分の成長は家族の理解や愛情に支えられていることに気づき、家庭生活
　　と家族の大切さや、家族の協力の上に家庭生活があることを理解すること
　　ができました。

△　友達の意見を聞きながら、家庭生活の中で自分にできる仕事を見つけるこ
　　とができました。さらにそれに対して、継続して取り組んでいけるよう励まし
　　てきました。

△　自分にできる仕事を見つけ、家族の中で分担した仕事に取り組むことができ
　　ました。家族のためにできることはないか、より快適な生活のためにどうし
　　たらよいか、計画的に仕事をする工夫が考えられるように声をかけてきました。

［主体的に学習に取り組む態度］　　　　　　　　　　評価のチェックポイント

●自分の成長を自覚し、支えてくれる家族とのふれあいを大切にし、家庭生活
　をよりよくするために学習したことを生かそうとしているか？

◎　今までに自分の身の回りでどのような衣食住の活動が営まれていたか、そ
　　れらが自分の成長にどのように関わってきたかなどについて詳しく調べ、自
　　分も家族の一員としてできることを積極的に取り組めた点が素晴らしいです。

◎　健康、快適で安全な生活を送ることができるのは家族の協力があってのこと
　　だと気づき、家の中で自分にできることはないか書き出していました。気づい
　　たことなどを継続的にその都度ノートに記録している姿に感心させられました。

○　家庭での仕事に関心をもち、家で調べてきた家族の仕事やその分担をワー
　　クシートに丁寧にまとめていました。

○ 調べ学習を通して、自分の生活は家族が支え合っているからこそ成り立っているということに気づき、家庭内でも自分ができることを探し、実行することができました。

○ 自分を支えてくれたり協力してくれたりする家族の生活を支える仕事にはどのようなものがあるのか、興味をもって調べ、調べたことを友達と共有することができました。

△ 友達の意見を聞きながら、家族の仕事やその分担などをワークシートに書き出すことができました。さらに家族の一員としての自分にできる仕事を探して、取り組めるよう声をかけてきました。

△ 自分の成長は、衣食住などの生活に支えられていることに気づくことができました。自分の生活を支え、協力してくれている家族の一員として、自分にできることはないか考えながら今後の生活を送っていけるように指導してきました。

(2) 家庭生活と仕事

[知識・技能]   評価のチェックポイント

● 家庭には、家庭生活を支える様々な仕事があり、互いに協力し分担する必要があることや生活時間の有効な使い方について理解しているか？

◎ 家庭には衣食住や家族に関する仕事などがあることを知り、学習した針と糸の使い方を生かして家庭でもボタンつけを行いました。そういう仕事の積み重ねで快適な生活が送れることを理解していました。

◎ 家族の一員として食に関わる仕事をするために、材料の確認や道具の準備、材料の種類に合わせた調理の仕方などを正しく理解していました。家庭でも適切な調理方法で、てきぱき調理をすることができました。

○ 1日の自分の生活の仕方を振り返り、テレビやゲームの時間が多いことに気

づきました。時間を有効に使うためには、自分の時間や家族との時間など、時間を区切って生活する必要があることに気づくことができました。

○ 着たり食べたり住まうことに関わる仕事を理解し、基本的な針と糸の扱い方や調理の仕方を身につけ、家庭で実践することができました。

△ 効率的な調理の手順や調理器具の使い方を自分なりに根気強くワークシートにまとめていました。以前よりも理解が深まったので、実際に家庭での生活に生かせるように声をかけてきました。

△ 生活時間を有効に使うため、何をいつ行うか、どのくらい時間が必要かなど、時間を区切ったり計画的に使ったりして、家族で過ごす時間や自分の時間を工夫していけるように指導しました。

〔思考・判断・表現〕 評価のチェックポイント

●身につけた基礎的・基本的な調理の方法や針と糸の扱い方などを活用し、家庭の仕事の計画を考え、工夫しているか？

◎ 家族の仕事の内容や手順を、本で調べたり家族に教えてもらったりしてまとめました。どのような仕事があるのかグループで発表する活動を通して、よりよい仕事の仕方やより効率的な方法について考えることができました。

◎ 家族で分担した仕事を継続して行う中で、やってみてどうだったか振り返り、よりよくするための工夫を考えました。次の実践では「家族の好みを聞いて料理をしよう」「もっとすみずみまできれいに掃除ができないか」と、具体的に考えることができました。

○ 調理実習や布製品の製作を通して、できた時の達成感や喜びを知り、家庭でも実践してみようと取り組むことができました。

○ 快適な住まい方の学習で整理・整頓や清掃の仕方を学び、家庭でも実践

してみようと計画を立てて家族と協力して取り組みました。生活時間の有効な使い方を考えて、計画・実践していました。

△ 調べたことを友達と交流しながら、家庭生活を支える様々な仕事の存在に気づきました。さらに、家族の生活を支える仕事を分担し、学習したことを実践していけるように声をかけてきました。

△ 家族と協力し快適な家庭生活を送ることができるよう、「調理の基礎」で身につけた野菜の切り方や調理の仕方、「衣服の着用と手入れ」で身につけたボタンの付け方や洗濯の仕方を生かして、家庭での仕事を分担できるとよいとアドバイスしました。

〔主体的に学習に取り組む態度〕　　　　　　　　評価のチェックポイント

●家庭生活を支える様々な仕事の存在に気づき、家族の一員としてよりよい生活のために工夫し実践しようとしているか？

◎ 調理実習では進んで調理器具の使い方を覚えたり、手際よく進めるために手順を考えたりしました。振り返りカードには、調理実習をしてできたこと、家庭で取り組んでみたいことを整理して書くことができ、意欲を感じました。

◎ 家庭の仕事に興味をもち、どんなものがあるのか家族の仕事を観察したり、インタビューしたりするなどの活動を通して、自分からよりよい生活のために取り組む姿が見られました。

○ 「見つめてみよう生活の時間」の学習で1日の過ごし方をまとめた際に、友達の過ごし方と比べたり、自分の過ごし方を振り返ったりしました。「○○の時間が多いな」「これをもっと減らせばいい」など、自分の生活時間の使い方を見直すことができました。

○ 家庭の仕事を分担して取り組む活動を通して、仕事の大変さや家族のありがたさを感じることができました。これからも、分担を続けて進んで仕事を

教科
家庭

179

していきたいという思いをもっていました。

△　自分にはできないから、大変そうだからと、家族で分担した仕事に取り組む姿勢が見られませんでした。少しずつ、自分にできるところから実践していけるよう声をかけました。

△　生活時間の中には、自分のための時間だけでなく、家族とともに過ごしたり家族のための仕事を協力して行ったりする時間があることが、調べて分かりました。家庭でも時間を有効に使い、家族と語らう時間も大切にしていけるように声をかけてきました。

（3）家族や地域の人々との関わり

〔知識・技能〕	評価のチェックポイント
●家庭生活は家族や地域の人など、身近な人々との関わりで成り立っていることが分かり、協力し助け合っていくことの大切さを理解しているか？	

◎　食事や衣食住に関わる仕事などを一緒に行ったり、家族で楽しくだんらんの時を過ごしたりすることは、家族とのつながりを深める重要な行為であると理解し、進んで家族とコミュニケーションを図ることができました。

◎　家族や地域の人々にインタビューする活動などを通して、自分たちの生活をよりよくしていくためには、互いに協力して助け合うことが必要であることや、あいさつをしたり声をかけ合ったりして触れ合うことが大切だと理解することができました。

○　普段の生活の中で、何気ない会話で家族に気持ちを伝えたり触れ合う場をもったりすることが家族のつながりを深めることだと気づき、だんらんの大切さについて理解することができました。

○　家庭生活が地域との関わりの中で成り立っていることを理解し、地域の行

事に参加したりあいさつをしてコミュニケーションをとったりして、地域の人々と関わる大切さを感じていました。

○ 地域について調べる中で、近所で行われている行事や人々の協力に対しての理解を深めました。調べる活動を通して、自分から地域の人々や行事に積極的に関わることの意味に気づくことができました。

△ 自分や家族の生活を振り返った時には家族と話すことよりもゲームの時間が大切だと、感想を記入していました。家族とのだんらんの大切さや気持ちを伝えることの重要さを、日ごろの生活の中で感じたり理解したりできるよう、声をかけてきました。

△ 自分の生活の様々な場面で、自分を支えているのは家族だけではなく、地域の人々の存在にも気づきました。地域の活動に参加するだけでなく、活動の目的を理解した態度で取り組めると、さらに意義のあるものになると指導しました。

〔思考・判断・表現〕　　　　　　　　　　　　　　評価のチェックポイント

●家族や地域の人々など身近な人々との関わりを見直し、よりよい関わりをもち快適に生活するための方法を考えたり、自分なりに工夫したりしているか？

◎ 地域に住む人々が互いに気持ちよく生活していくにはどうしたらよいか、自分の経験をもとに話し合いました。実際に地域の行事などに参加して感じたことを踏まえて、よりよい地域を目指して何ができるかについて、考えることができました。

◎ 地域でともに生活している人の中には、幼児やお年寄りなど様々な世代の人々がいることに気づきました。それらの人々がより快適に生活できるように、自分にできることを計画し、積極的に実践することができました。

○ 家族が集まった時に進んでお茶を入れたり、休日には簡単な昼食をつくっ

たりと、家族とともに楽しい時間を過ごせるよう、学習したことを生かして自分ができることに取り組みました。

○ 自分の生活が多くの人との関わりの中で成り立っていることを知り、自分勝手に過ごして周りの人々に迷惑をかけたりいやな思いをさせたりしないよう、気をつけて生活しようと工夫していました。

○ 地域の環境を守るために、近隣の人々が清掃活動をしていることを知り、自分にも地域のためにできることはないかと考え、ごみ拾いに参加していました。

△ 家族や地域の人々が快適に生活するためにどうしたらよいか、自分の考えがなかなかもてませんでした。まずは、家族のためにできること、家族が楽しんでくれること、喜んでくれることはないかなど、自分の家族の思いを想像してみるようにアドバイスしました。

△ 自分が楽しんでやっていることが、近隣の人々の迷惑になることもあると、気づくことができました。みんなが快適に過ごすことができるよう、周りのことを考えて行動できるように指導してきました。

〔主体的に学習に取り組む態度〕　　　　　　　　評価のチェックポイント

● 自分の家庭生活と家族や近隣の人々などの身近な地域の人々との関わりについて関心をもち、よりよい生活のために学んだことを生かそうとしているか？

◎ 家族との関わりから、近隣の人々との関わりへと考えを広げ、近所の方へのあいさつなどを積極的に行っていました。自分を支えてくれる人、地域の人など、様々な人と関わっていきたいという意欲が感じられました。

◎ 自分の安全で安心な暮らしが、地域の人々との関わりの中で成り立っていることが分かり、日頃からあいさつをしたり清掃活動をしたりして、近隣の方とのつながりを深めていきたいと進んで行動していました。

○　自分が住んでいる地域のルールや当番活動など、その目的や内容などについて調べたり、自分にできることを考えたりすることができました。

○　近隣の人々のためにできる活動として、夜間のテレビや音楽などのボリュームを小さくすることを心がけ、取り組むことができました。

○　近隣の生活環境をよりよくするために、地域の清掃活動に参加するだけでなく、自分でも気づいた時にごみ拾いをするなど行動していて、感心しました。

△　自分や家族の生活が地域の人々との関わりの中で成り立っていることは分かりましたが、住みやすくするために具体的にどんなことをしているか思い浮かばないようでした。地域へ視野を広げて、自分にできることはないか考えられるよう声をかけてきました。

△　自分の生活と地域の人との関わりを、なかなか理解できませんでした。家族や地域の人々との関わりについて、実際に話を聞いたり地域の様子を観察したりしながら自分なりの考えをもち、よりよい暮らしのための実践ができるよう、指導してきました。

（4）家族・家庭生活についての課題と実践

〔知識・技能〕　　　　　　　　　　　　　　　評価のチェックポイント

●日常生活の中から問題を見いだして課題を設定し、課題の解決に向け、必要なことを理解しているか？

◎　家庭生活をよりよくするために、家庭での仕事に役立つ道具を考え、布を用いて工夫してつくり上げることができました。実際にできあがったものを使って、効率的に家事を行うことができました。

◎ 「物を生かして住みやすく」の学習では、ごみの分別や掃除の仕方を学び、家庭でも実践しようと計画を立てて取り組むことができました。実践したことをグループで発表し合った際、友達の実践のよいところを見つけて、自分の生活にも生かそうとしていました。

○ 家族で過ごす時間を増やすために、自分にできることはないか考えました。これまでの学習で身につけた調理の方法や洗濯の仕方を生かして、家庭での仕事に取り組むことができました。

○ これまでの生活経験から、身の回りの不用品を有効に使う方法はないか考え、リサイクルをしたりまだ使える物は譲ったりするなど、学習したことを生かしてごみを減らすための方法を考えました。

△ 家族が互いに協力し合って、時間を有効に使い仕事を分担する必要があることは分かりましたが、具体的にどうしたらよいかを考えることが難しいようでした。学習したことを生かして、よりよい家庭生活のために実践できることはないか一緒に考えてきました。

△ 住まい方の工夫についての学習を通して、季節に合わせた過ごし方の工夫を知りました。暖房器具や冷房器具に頼るだけでなく、環境にも配慮した安全で快適な生活を送るために工夫するように指導してきました。

〔思考・判断・表現〕　　　　　　　　　　　　　　　　評価のチェックポイント

●学習で身につけたことを活用して、よりよい生活をするための計画を立て、工夫して実践しているか?

◎ 自分がどのような生活をしたいか、家族や地域の人にとってもよりよい生活とはどのようなものなのかを考え、工夫して家庭での仕事を行うことができました。

◎ 衣食住に関わる仕事や環境に配慮した生活など、日常生活を見直して、課

題や解決方法をグループで話し合いました。友達の意見を聞いて理解を深め、自分が取り組みたい方法を計画・実践することができました。

○ 家族の生活と、家庭での仕事の分担を振り返り、自分の生活時間をもっと有効に使って家族のために仕事をしたいと、計画を立て実行することができました。

○ 自分の生活を振り返り、快適に過ごすために服の選び方に気をつけていないと感じていました。そのため、季節や気候に合った衣服の選び方を学び、天気予報を見たり服の素材を意識したりして、季節を感じながら豊かな生活を送るために服装を工夫していました。

△ よりよい生活のための方法を見つけることが難しいようでしたので、学校での実習や友達との話合いを通して、考えを深めていきました。身の回りの生活を振り返り、少しずつ具体的に考えていけるようにアドバイスしました。

△ 自分の生活が家族に支えられ、衣食住に関わる仕事にはどのようなものがあるのか理解できました。よりよい生活のために自分の行動を振り返り、家族のためにできることを探して工夫していけるように指導しました。

〔主体的に学習に取り組む態度〕 　　　　　　　　　評価のチェックポイント

●自分の日常生活を振り返り、問題に対する解決方法を考えたり、考えたことを実行したりして、課題の解決に向けて意欲的に取り組んでいるか？

◎ 地域には高齢者や幼児など、様々な世代の人々が住んでいることを知り、身の回りの人との交流を深めたいと、交流会を計画したり地域の行事に参加したりして、意欲的に活動していました。

◎ 学んだことを家庭でも生かしたいと、長期休業中の家庭での仕事の分担を計画し、進んで料理や洗濯などの仕事に取り組みました。自分が行動することで家族に喜んでもらうことができ、次の活動への意欲が出てきたようでした。

○ よりよい生活のための清掃活動の実践を行い、振り返った際には、ごみを減らすためには分別したり拾ったりするだけでなく、そもそもごみを出さないための工夫が大切だと感じ、家庭でもごみを減らそうと活動しました。

○ 家族が協力し合って、よりよい生活のために仕事をしたりコミュニケーションをとったりしていることに気づき、自分も家族の一員として協力したいと掃除や洗濯など家庭での仕事を行いました。

△ 地域の人々との関わりの中で、自分にもできることはないか考え、実践しようとする姿勢がなかなか見られませんでした。家族や地域の人々との関わりの中に自分の成長があることを理解し、学習したことを生かしていけるよう声をかけてきました。

△ 「家族がやっているからいいんだ」ではなく、自分のこととして考え、着たり食べたり買い物をしたり、日常生活の中に課題がないかを見つけ出せるよう声をかけてきました。

B 衣食住の生活
(1) 食事の役割

〔知識・技能〕　　　　　　　　　　　　　　　　　　評価のチェックポイント

●食事の役割や日常の食事の大切さと食事の仕方について理解しているか？

◎ 朝食は、脳や体を目覚めさせたり、排泄のリズムをつくったりする役割があることを、ノートにしっかりとまとめることができました。

◎ 楽しい食事をするためには、食べる早さや会話の内容など、食事のマナーが大切であることがよく理解できました。

○ 食事は、空腹を満たすだけでなく、活動のもとになることや成長のために

大切な働きをしていることを理解することができました。

○ ご飯とみそ汁の調理実習で試食する際に、ご飯とみそ汁の基本的な配膳の仕方が分かり、グループの友達にも教えていました。

△ 食事の役割について学習しましたが、「休みの日は、朝食を食べない」とワークシートに記入していました。規則正しい食事が生活のリズムをつくることを理解できるように指導しました。

△ 楽しく食事をするためには、食器選びや盛り付けだけでなく、会話やあいさつ、好き嫌いなく食べるなどのマナーも必要であることを考え、実践できるよう指導してきました。

〔思考・判断・表現〕 　　　　　　　　　　　　　　　　　評価のチェックポイント

●日常の食事を見直し、楽しく食事をすることについて考えたり、自分なりに工夫したりしているか？

◎ 食事の大切さについて学習した後、家で朝食のとり方について話し合い、改善したことを発表していました。○○さんの前向きな学習姿勢と家庭の協力に感心しました。

◎ 楽しく食事をするための話合いでは、食事中のマナーだけでなく、食べる人のことも考えておいしそうに見えるように、食べやすいように盛り付けを工夫すると見た目にも楽しむことができることに気づき、発言できたのがよかったです。

○ 規則正しい食事が、健康な体や生活リズムをつくることに気づき、早寝早起きをして朝食を食べられるよう、自分の生活を見直すことができました。

○ 食事のマナーについては、自分の経験を踏まえながら考えることができました。「肘をつかない、食器を持つ手に気をつける」など、家庭で注意され

たことを発言していました。

△ 自分の毎日の生活リズムを見直し、健康な生活をしようという気持ちがあまり見られませんでした。自分なりに工夫し、努力することの大切さを伝えています。

△ 自分の生活時間について振り返ることができました。朝食の大切さについても、資料や自分の経験から考えられるように指導してきました。

〔主体的に学習に取り組む態度〕 　　　　　　　評価のチェックポイント

●日常の食事の役割を考えて、食事を大切にしようとしているか？

◎ 家庭での毎日のリズムを振り返る中で、家族との朝食の時間に目を向け、朝食のもつ役割の大切さについて考えようとしていました。

◎ 日常の食事を見直し、自分が夕食の支度や調理に関わることで、さらに楽しく食事ができることを理解し、実践していることが素晴らしかったです。

○ 家庭での毎日の時間の使い方をワークシートに整理した上で、問題点や気づいたことを書くことができました。

○ 朝食をとると、どのようによいのかを考え、ワークシートに書いていました。友達の考えも記入し、朝食の大切さを学んでいました。

△ ご飯とみそ汁の基本的な配膳の仕方や楽しく食べるための食事中のマナーなど、日常生活の中でも生かしていけるように指導してきました。

△ 食事が身近で日常的なことであるためか、なかなか関心をもって課題に向かうことができませんでした。食事は体をつくり健康な生活をするための源であり、人との心をつなぐ大切なものであることを理解させてきました。

(2) 調理の基礎

◎　教師が提示した資料や、自分のもっている資料の中から選んだ野菜の適切な切り方を調べて、美しく丁寧に切ることができました。

◎　材料の確認や道具の準備、種類に合わせた野菜の洗い方やゆで方、はかりの使い方、計量スプーンの使い方など、調理実習をするための手順や調理器具の正しい使い方を理解していたために、安全かつ衛生的に調理ができました。

○　青菜とじゃがいものゆで方を比べて、ゆで方の違いや、ゆでるとかさが減る青菜は多くの量を食べることができるなど、調理の特性について理解することができました。

○　「○○」の調理実習では、自分で調べた分量になるように、計量スプーンを使って量りながらドレッシングをつくることができました。

○　「ご飯を炊こう」の調理実習では、米の洗い方、水加減、浸水時間、火加減、蒸らす時間などを理解して炊くことができました。どのような状態になったら火を弱めるか米の様子をよく観察していました。

△　「○○」の調理実習では、材料に合ったゆで方ができました。包丁の渡し方、持ち方や指の置き方など、用具の安全な取り扱いについて指導しました。家でも調理の機会を増やしていけるとよいと思います。

教科
家庭

△ 調理の手順や調理器具の使い方を、自分なりに根気強くワークシートにまとめていました。それを調理実習に生かせるように指導してきました。

[思考・判断・表現]　　　　　　　　　　　　　　　　　評価のチェックポイント

●基礎的な調理について課題を見つけ、おいしく食べるために材料や目的に応じた調理計画や調理の仕方を考えたり、自分なりに工夫したりしているか？

◎ 「○○」の調理実習では、野菜の種類に合わせて、洗ったり、ゆで方を変えてゆでたりしていました。また、「家族の好みに合わせるため」と、時間を正確に計って卵をゆでていたのには感心させられました。

◎ ○○の調理実習では、盛り付けの際に、どのように盛りつけたらおいしそうに見えるか意欲的に考え、色合いや量、材料の形などを考慮して、きれいに盛りつけることができました。

◎ 調理実習では、○○を手際よくつくることができました。片づけをしながら料理をすれば効率がよいと考え、実践していたので感心しました。

○ 野菜いための調理計画では、調理の手順や役割など効率よく作業をするために、グループの友達と話し合うことができました。調理の手順については、「火が通りにくいものからいためよう」と発言していました。

○ ○○の調理実習では、野菜を洗う時にどのように洗ったら泥やゴミがよく落とせるかを考えながら作業を進めていました。

○ 野菜いためをつくる時には、どの材料にも均等に火が通るようにいためることが大切です。実習後の振り返りでは、野菜の切り方を工夫するとよかったことに気づくことができました。

△ 「○○」の調理実習では、野菜を丁寧に切っていました。ゆでる時間や盛りつけなどにも工夫が見られるように指導してきました。

△ みそ汁づくりでは、だしの取り方、具の取り合わせなど、おいしくつくるための工夫を調べられるとよかったです。グループで調理計画を立てる時に、自分の考えを伝えられるよう指導しました。

〔主体的に学習に取り組む態度〕　　　　　　　　　　　　　評価のチェックポイント

●調理の基礎的な知識・技能を身につけようとしたり、調理したりして、学習したことを生活に生かそうとしているか？

◎ 計画表にゆで野菜サラダをつくるための手順や必要な道具を詳しく書き込み、手際よく実習をすることができました。ドレッシングも自分でこだわりをもってつくり、とても意欲的でした。

◎ 調理器具の使い方や調理の手順をあらかじめ頭に入れ、グループの友達と協力して手際よく調理ができました。振り返りカードには、実習の成果と今後に向けての課題がよく整理されて書かれていました。

○ ○○の調理実習では、グループの友達と協力して、必要な材料や手順を確認しながら関心をもってつくることができました。

○ 「みそ汁をつくろう」では、だしをとってつくったみそ汁と、だしをとらずにつくったみそ汁を試食してだしのよさに気づき、様々なだしの取り方を調べていました。

○ いためる調理では、手際よくオムレツをつくることができました。味付けも上手にでき、調理することの楽しさを感じ取っていました。調理後には、家でチーズ入りオムレツをつくり、家族に喜んでもらえたことで大きな自信となりました。

△ ○○の調理実習では、手順表に沿って、グループの友達と○○をつくることができました。調理用具の後片づけやごみの始末にも取り組めるように指導を繰り返してきました。

教科
家庭

△ 調理についてあまり関心がもてなかったようです。自分の好きな献立について、どんな材料が使われているのだろう、どんな手順でつくるのだろうと考えてみたり、実際につくってみたりできるように一緒に考えてきました。

(3) 栄養を考えた食事

〔知識・技能〕	評価のチェックポイント
●食品に含まれている成分の主な働きにより、食品をグループ分けすることができるとともに、栄養的に調和がとれるよう、食品を組み合わせてとることの必要性を理解しているか？	

◎ 五大栄養素の種類と働きについて知り、栄養を考えて食事をとることの大切さについて理解することができました。

◎ 1食分の食事として、どのような食品を組み合わせればよいのか理解しています。栄養のバランスだけでなく、切り方や加熱の仕方を工夫したり、旬のものを使ったり、○○さんらしい献立を立てることができました。

○ 食品に含まれる栄養素の特徴が分かり、給食の献立に使われている食品を3つのグループに分けることができました。

○ 1食分の献立を立てる時には、栄養のバランスを考えて、主食・主菜・副菜に汁物を加え、食品を組み合わせてつくることができました。

△ 栄養のバランスを考えた食事のよさを理解できました。さらに、五大栄養素やその働きを理解し、日常の食事を振り返り、自分の体に必要な食品を意識できるように指導しました。

△ 食品の栄養が大きく3つに分かれていることを理解し、1食分の献立を立てる時に様々な食品を組み合わせることの大切さを指導してきました。

●栄養を考えた食事について課題を見つけ、1食分の食事が調和のとれたもの
になるように、食品の組み合わせなどを考えたり、自分なりに工夫したりし
ているか？

◎ 栄養バランスのよい「ごはんとみそ汁」を主とした1食分の献立を立てること
ができました。体の調子を整える食品が少ないので、みそ汁の具に刻んだ
大根の葉を加えるなど、栄養面に気をつけながら工夫することができました。

◎ 自分が考えた献立の工夫について、グループの友達と交流し、栄養のバラ
ンスだけでなく、彩りや味、油の量を減らすために調理法の違うおかずを
入れたことなどを伝えられた点が素晴らしいです。

○ 給食の献立から食品に含まれる栄養素の種類や働きを調べて発表し、バラ
ンスのよい食事について気づくことができました。

○ 栄養や彩りのバランスを考えたお弁当の献立を立てることができました。調
理実習では、味付けもよく計画通りにお弁当をつくることができました。

△ 少ない具材でしたが、みそ汁をつくることができました。さらに栄養のバラ
ンスを考えながら、具沢山のみそ汁づくりにも挑戦できるように指導をしま
した。

△ 朝食の取り方について話し合う中で、単に品数を増やすのではなく、いろ
いろな栄養素をバランスよくとることが大切であることに気づけるように指導
をしました。

教科
家庭

〔主体的に学習に取り組む態度〕	評価のチェックポイント

●食品の栄養的な特徴に関心をもったり、栄養のバランスを考えた1食分の献立を考えたりしているか？

◎ 家での食事や給食の献立を見て、食品の栄養のバランスや調理方法に関心をもって調べることができました。献立づくりでは、材料やつくり方を栄養士さんに聞くなど、積極的に調べることができました。

◎ 自分の朝食を振り返り、食品に含まれる栄養素について調べ、栄養のバランスの取れた朝食にするために、どのような食品を足していくとよいかについて意欲的に考えることができました。

○ 自分が立てた1食分の献立をグループの友達に紹介する活動では、友達の発表を聞いて、栄養的なバランスを表で確かめたり、料理の組み合わせのよさを見つけたりしていました。

○ 1食分の献立を工夫して立てられたことで、調理実習の計画にも意欲的に取り組もうとしていました。

△ 調理実習が好きな○○さんです。食品の栄養的な特徴にも関心がもてるように声かけをしてきました。

△ 食事と健康は関わりが深いと気づいているのですが、実際には自分の好きなもの中心の献立となってしまいました。栄養のバランスを考えて計画を立てられるよう支援しました。

（4）衣服の着用と手入れ

◎ 学習したことを生かして衣服を選び、着ることができました。また、衣服を
　清潔に着るために洗濯をすることができました。汚れたところを丁寧につま
　み洗いをしたり、乾いた時にしわができないように形を整えながら干したり
　する○○さんの姿が印象的でした。

◎ 日常着の手入れについては、ボタンが取れる前に付け直したり、洗濯し
　たりすることが、日常の身だしなみのために必要であることを理解しました。
　また、ボタン付けでは、ボタンを丈夫に正しく付けることができ、多くの友
　達に丁寧にやり方を教えていたのもよかったです。

○ 衣服の生活上の働きが分かり、生活場面に応じた着方を理解することができ
　き、具体的な場面について、例を挙げて説明することができました。

○ 「朝は天気予報を見て、着る服を決めたんだよ」など、学習したことを生か
　しながら生活しようとしている○○さんにクラスのみんなが感心していました。

△ 体温の保温や衣服の役割に気づくことができました。衣服の働きなど学習
　したことを生かして、着る服を日頃から選べるように声かけをしてきました。

△ 「なぜ、衣服を着るのか」ということをもう一度考えることが大切です。気
　持ちよく生活するために○○さんらしさを生かして着られるように指導しまし
　た。

教科
家庭

195

●衣類の保護衛生上の働きや生活上の働きをもとに、日常着の快適な着方や手入れの仕方を考え、工夫しているか？

◎ 活動内容や着用目的から、衣服の選び方や着方について、実物を着用したり絵や資料などで説明したり、発表の仕方を工夫したりしていました。

◎ 洗濯実習では靴下を洗い、適量の洗剤でも手もみ洗いやブラシ洗いをし、洗い方を工夫することで汚れが落ちることに気づけました。

○ 活動内容に合わせた衣服の選び方や着方を考え、調べたことや資料などから分かりやすく発表していました。

○ 日常着の手入れでは、環境に配慮した洗い方の工夫を調べ、洗濯の仕方について考えることができました。

△ 活動内容に合わせた衣服選びをすることができました。絵や資料を用いるなど、発表に工夫をもたせるよう声かけをしてきました。

△ 日常着の快適な着方や衣服の手入れの仕方について、友達の話を聞きながら考えていました。生活経験と結び付けて自分の考えをもてるように声をかけてきました。

●日常着の着方や衣服の手入れに関心をもち、生活場面に応じた扱いをしようとしているか？

◎ 季節や気候に合った着方や活動に合った着方を考え、自分で工夫しながら毎日着る服を選ぶことができました。また、どのような素材の服が暖かいのか、吸水性がよいのかなどを調べ、発表することができました。

◎ 衣服につく汚れに関心をもち、布の吸水や汚れの落ち方の実験に意欲的に取り組み、洗濯の必要性を実感していました。

○ 衣服の働きや日常着の着方について調べることができました。たくさんの衣服を比べながら、活動しやすい服や保温に優れている服などに分類していく姿には感心させられました。

○ 洗濯の仕方を家で調べ、洗濯時にしていることや注意点についてワークシートにまとめることができました。洗濯実習では、汚れの落ち具合を確認したり、調べたことをもとに干し方を工夫したりしていました。

△ 暑さや寒さを防いで、体温を保ったり、身体を守ったりするなど、衣服の働きを思い浮かべながら着る服に関心がもてるよう声をかけました。

△ 季節や状況に合わせた快適な着方について話し合うことができました。自分の着方を見直そうという意欲がもてるよう、学習したことを生活に生かす大切さを指導してきました。

(5) 生活を豊かにするための 布を用いた製作

〔知識・技能〕　　　　　　　　　　　　　　　評価のチェックポイント

● 手縫いの仕方やミシンの使い方、用具の安全な使い方を理解しているか？

● 手縫いやミシン縫いを用いて物を製作しているか？

◎ なみ縫い、返し縫い、かがり縫いなどの縫い方が分かり、縫い目の大きさをそろえて小物入れを上手につくることができました。作品を見合った時に友達からも褒められ、うれしそうでした。

◎ ミシンの準備を手順に従い安全に気をつけて行えるとともに、コントローラーを調節しながら、ミシンをスムーズに動かすことができました。

○ 「生活に役立つものをつくろう」では、トートバックをつくり、壊れやすい部分はどこなのかを理解し、ミシンで返し縫いを丁寧にして丈夫な作品を完成させることができました。

○ ナップザックづくりでは、ミシンの使い方を理解し、上手に縫うことができました。また、しるしの付け方やまち針の打ち方、アイロンの使い方なども理解していました。

△ ミシンで縫う時は、始めと終わりに返し縫いをするとほつれにくくなります。型紙と同じ形でできあがるように、ゆっくりと丁寧に縫うように指導してきました。

△ ミシンを使って直線縫いができるようになりました。ミシンの準備は、友達に助けてもらうことが多かったので、1人でできるように支援してきました。

〔思考・判断・表現〕　　　　　　　　　　　　　　　　評価のチェックポイント

●生活を豊かにするために布を用いた物の製作計画を考え、手縫いやミシン縫いを取り入れ、縫い方を考えたり工夫したりしているか？

◎ 製作する物に合わせて布や縫い方を工夫して、順序や時間の見通しをもった製作計画を立てることができました。エプロンをつくった時には、ポケットのところを猫の口にするなどアイデア満載の作品をつくることができました。

◎ ナップザックつくりでは、ほつれやすいところを何回か返し縫いをしたり、自分の名前を刺繍で入れたりするなど、工夫して製作できたのがよかったです。

○ 「生活に役立つものをつくろう」では、○○をつくり、同じ作品をつくる友達とつくり方を調べながら製作の計画を考えることができました。

○ 製作計画をもとに必要に応じて手縫いやミシン縫いを使い分けて、かわいいナップザックをつくることができました。

○ 小物入れづくりでは、形を工夫したり、色の組み合わせを考えたりして○○をつくりました。自分なりの工夫が随所に見られました。

△ 家族にプレゼントするために素敵な「だきまくら」を手縫いでつくることができました。直線部分は1m以上あるので、必要に応じてミシンを使うと効率よく仕上げられることをアドバイスしました。

△ ランチョンマットを縫いました。生活が楽しくなるように、糸の色や縫い方を工夫して仕上げるように指導してきました。

［主体的に学習に取り組む態度］　　　　　　評価のチェックポイント

●手縫いの仕方やミシンの使い方を身につけようとしたり、製作計画をもとに材料や用具を準備したりして、製作しようとしているか？

教科
家庭

◎ 生活を振り返ったり、家族に聞いたりして、自分の家に何が必要かを調べ、つくることができました。家族のことを思い出しながら、生活をより便利にするために布を用いた道具を製作する○○さんの姿が印象的でした。

◎ 針と糸を正しく使おうとし、玉結びや玉どめができるようになるまで何度も練習していたのは立派でした。小物づくりも自分の力で最後までやり遂げることができ、○○さんの熱意を感じました。

○ 生活に役立つ物を調べ、布を用いて製作することができました。材料や用具の準備もよくできていました。

○　○○づくりでは、しつけを行った後にミシンで丁寧に縫って仕上げることができました。毎時間の振り返りをしっかり行い、見通しをもって取り組むことができました。

△　「自分は不器用だから…」と諦めてしまいそうだったので、針と糸の使い方について繰り返し練習したり、できたところを褒めたりして自信をもたせるように心がけました。

△　裁縫セットや練習用の布などが揃わない時があり、縫い方やボタンのつけ方を個別に指導したことがありました。道具や持ち物を自分から前もって準備できるように声をかけていました。

（6）快適な住まい方

〔知識・技能〕　　　　　　　　　　　　　　　　　評価のチェックポイント

●住まいの整理・整頓や清掃の仕方を理解し、適切に行っているか？

●気持ちのよい住まい方について理解しているか？

◎　住まい方の工夫についての学習では、部屋を暖かくする方法や暖房器具の安全な使い方について理解することができました。「さっそく家でもやってみよう」とはりきっていました。

◎　夏を涼しく過ごすための住まい方の学習では、学習後に季節の音の風鈴をつけたり、打ち水をしたりするなど、学んだことを実践して理解を深められた点が素晴らしいです。

○　クリーン作戦では、教室の○○を掃除しました。汚れの種類や汚れ方を観察して計画を立て、掃除の仕方を理解してきれいにすることができました。

○　夏を快適に過ごすために、風通しと併せて日光をさえぎることや健康のた

めに冷房機器を効果的に使うことを理解することができました。

△ 「身の回りをきれいにしよう」の学習では、道具箱の中の置き場所を決めて使いやすくすることを学習しました。使ったら戻すことを意識できると上手に整理できるので、声かけを続けてきました。

△ 住まい方の工夫についての学習では、暖房器具の安全な使い方の理解が不十分でしたので、学校のストーブを使い、周りに燃えやすい物を置かないなど扱い方の復習をしました。

[思考・判断・表現]　　　　　　　　　　　　　　評価のチェックポイント

●季節の変化に合わせた快適な住まい方を考えたり、身の回りの整理・整頓や清掃の仕方について工夫したりしているか?

●身の回りを快適に整えるための課題を解決しようとしているか?

◎ 身の回りの物を整理・整頓する学習では、「持ち物を必要な物と必要でない物に分類する、引き出しに仕切りをつける」という自分なりの工夫を、ワークシートに意欲的に書くことができました。

◎ 夏を涼しく過ごすための住まい方の学習では、自分の快適さだけでなく環境への配慮や自然を生かす必要があることに気づくことができ感心しました。

○ 身の回りにある不用品の活用を考える学習では、「肥料にする」「つくりかえる」など、自分なりの工夫を発表することができました。

○ 住まい方の工夫についての学習では、自分の課題を「○○」と決め、家族に聞いたり、インターネットで調べたりして、分かりやすく発表できました。

△ 住まい方の工夫についての学習では、自分の課題を「○○」と決めましたが、調べ方に迷いがあったようです。そのため、家族に聞いたり、体験や実習をしたりするとよいことをアドバイスしました。

△ 「ゴミを減らしていく必要があること」に気づくことができました。具体的にどういうことをしたらよいのかを考えて、実践できるとさらによいでしょう。

[主体的に学習に取り組む態度]　　　　　　　　　　　　　評価のチェックポイント

●気持ちのよい住まい方や整理・整頓、清掃の仕方に関心をもち、身の回りを快適に整えようとしているか？

◎ 自分の部屋の掃除や、家のリサイクル品の整理などの仕事をめあてとしてもち、毎日続けて実践することができました。

◎ 自分の部屋の様子から問題点を見つける活動を通して、整理・整頓の必要性に気づくことができました。また、進んで実践していこうとする意欲が強く感じられました。

○ 「いらなくなった物をどうするか？」という話合いでは、様々なアイデアを出すことができました。不要な物も安易に捨てるのではなく、有効に使っていこうとする意識が感じられました。

○ 暖かい住まい方の学習では、自分の家の現状をよく考え、家族の願いを取り入れて、「家族が集まる部屋を暖かくする工夫」という課題を決めて取り組むことができました。

△ 住まい方の工夫についての学習では、それぞれ自分の課題を決めて調べる学習をしたのですが、なかなか課題を決めることができませんでした。教科書の活動例を参考にして、自分が一番興味のある課題を選ぶよう助言しました。

△ 自分の部屋を掃除することについて、掃除する必要性を考えて、自分から進んで実行できるように声かけをしてきました。

C 消費生活・環境
(1) 物や金銭の使い方と買物

〔知識・技能〕 　　　　　　　　　　　　　　　　　　　　　評価のチェックポイント

●物や金銭の大切さと計画的な使い方や身近な物の選び方・買い方を理解し、
目的に合った適切な購入をするために必要な情報を収集・整理しているか？

◎ 買い物の仕方には、直接店に行って買うことのほか、カタログやテレビ、イ
ンターネットなどの案内を見て買う通信販売という方法があることを調べてま
とめることができました。代金の支払い方法には、紙幣だけでなくカードや
金券などを用いる方法もあるということまで理解することができました。

◎ 実際に買い物に行くことを考え、何が本当に必要なものなのか考え、自分
が候補に挙げた品物を1つ1つ比べながらよりよいもの、必要なものを買お
うと吟味する堅実な姿が見られました。

○ 修学旅行のお土産を買う際、学習したことを生かしながら、自分がもってい
る予算や品物の金額を考えながら計画を立てることができました。

○ 品物の品質を確かめるために、JISマークやJASマークなどの品質表示があ
ることを理解することができました。

△ 買い物をする際、目的や値段を考えずに買ってしまうことがあるようです。
目的に合った品物か、値段は適切かなどを考慮して計画的に買い物をする
仕方が身につくように指導をしてきました。

△ 楽しんで買い物をするだけでなく、何のためにそれを買うのか、値段は適切
かなど、品物を購入する際の大切なポイントを理解できるよう指導しました。

教科
家庭

●購入に必要な情報を活用し、目的に合った適切な購入ができるよう自分なり
　に工夫しようとしているか？

◎　自分が欲しい物の品質や価格などの情報を、自主的に店やインターネットな
　　どで調べ、目的に合った買い物ができるように工夫することができました。

◎　金銭は家族が働くことによって得られた限りあるものであるから、計画的に
　　買い物ができるよう、自分のおこづかいを貯めたり、品物を買う時期を見
　　極めたりして、無駄のない買い物の仕方を考えることができました。

○　欲しい品物がある時に、買い物メモをつくって予算や買う時期などを検討す
　　ることができました。

○　よりよい品物を買うためには、買い物の目的だけでなく、値段や分量、品
　　質などを比べて自分に合ったものを選ぶ必要があると考え、発言していまし
　　た。

△　欲しい物がある時に、どのようなことを考えて購入すればよいのか分からな
　　いようでした。教科書の買い物の計画例をもとに、買い物メモのつくり方を
　　学びました。

△　本当に必要なものかどうか、よく考えて買い物に行く必要があります。購入
　　するために必要な情報を集めたり整理したりして、無駄のない買い物がで
　　きるよう、教師と一緒に計画の立て方を指導してきました。

　●身の回りの物の選び方や買い方を考え、適切に購入しようとしているか?

◎　自分が買い物をしてよかった点や工夫した点、無計画に買い物をして失敗した話などを積極的に発言し、みんなの考えを深めることができました。自分の経験を振り返りながら、よりよい買い物の仕方について意欲をもって考えている姿に感心しました。

◎　身近な消費生活を振り返り、家族はどのように買い物をしているのか尋ねたり、よりよい物を買うために店の人にインタビューしたりして、買い物の仕組みに興味をもち意欲的に学習に取り組んでいました。

○　自分のこれまでの買い物の経験や、家族と買い物に行った時のことなどを思い出しながら、買い物をして気づいたことや困ったことなどを発言することができました。

○　計画的に買い物をするために家族で工夫していることを調べて発表し合い、友達の考えを聞いてなるほどと思ったことを、これからの買い物に生かそうとメモを取りながら活動に臨んでいました。

△　欲しいと思った物を、好きな時に好きなだけ買ってしまっているようです。計画的に、必要な物を適切な時期に適切な量だけ買うことができるよう、買う前に目的や必要性を考えるとよいとアドバイスしました。

△　品物を最後まで使わず、すぐに捨ててしまったり自分の物を失くしてしまったりすることがよくあります。限りある金銭、限りある資源を無駄なく使うことができるよう、日々の消費生活を振り返って考えられるように指導をしました。

教科
家庭

（2）環境に配慮した生活

●自分の生活と身近な環境との関わりや、環境に配慮した物の使い方を理解しているか？

◎ 自分の生活が、近隣の人々や自然などの身近な環境から影響を受けたり与えたりしていることが分かり、環境に配慮した過ごし方や物の使い方などについて理解することができました。

◎ 地域の自治会長にインタビューに行って地域の活動を調べたり、自分たちにできる活動の報告へ行ったりと、積極的に働きかけることができました。その中で、地域で行われるリサイクル活動を知り、環境に配慮した生活についての理解を深めることができました。

○ 自分の生活を見直すことを通して、多くの物を使っていることや自分と身の回りの環境が影響を与え合っていることを理解することができました。

○ 今使っている資源やエネルギーには限りがあり、限りあるものを有効に使うためにリサイクルやリデュースなどの考え方があることを知りました。

○ リサイクル活動などの環境に配慮した地域の取組を調べ、友達と一緒に参加し、地域の方々と協力して活動することができました。

△ 調理実習や布を用いた製作では、材料を余らせたり余計に切り取ったりしてしまっていたので、家庭生活で無駄のない使い方を実践していけるように指導してきました。

△ 自分の生活の中のいろいろな場面で、身近な人々や自然と関わり、支え合いながら自分の家庭生活が成り立っていることに気づけるよう、指導を続けてきました。

●環境に配慮した生活について、必要な情報を取捨選択し、物の買い方や使い
　方を考えたり工夫したりしているか？

◎　環境に配慮した生活について、自分の生活を見つめ直し、積極的に自分に
　　できることを探して、生活の仕方を工夫することができました。古くなった
　　洋服を自分で縫い直してカバンにして使っているアイデアが、素晴らしかっ
　　たです。

◎　材料や水、電気、ガスなどの限られたエネルギーの無駄のない使い方や、
　　ごみを減らすための工夫を考えて、家庭で実践し継続的に取り組むことが
　　できました。

○　自分の生活を見直し、物の使い方など計画通りにできたことやできなかっ
　　たこと、やってみて考えたことなどを発表しました。友達と意見を交流しな
　　がら、より環境に配慮した生活の仕方について考えることができました。

○　環境を守っていくために、自分にもできることはないか考え、友達とごみを
　　集めるなどの活動を計画し、行動することができました。

△　生活環境をよりよくするために、どんな工夫ができるか考えることが難しい
　　ようでした。自分のこととして考え、実践していけるよう、家族や近隣の人
　　の過ごし方に目を向けて生活できるように声をかけてきました。

△　調理の基礎や快適な住まい方で学習したことを生かして、自分の生活と身
　　近な環境との関わりや物の使い方などを考え、無駄のない生活を心がけて
　　いけるように指導しました。

教科
家庭

●自分の生活と身近な環境との関わりを考え、身近な環境に配慮し、よりよく
　するための生活をしようとしているか？

◎　自分の生活を振り返って、環境や近隣の人々のために自分ができることを
　　考え、近所のゴミ置き場の清掃を継続的に、また、たいへん意欲的に行う
　　ことができました。

◎　無駄をなくし、環境に配慮して資源やエネルギーを使っていくため、自分た
　　ちにできることはないか、グループでの話合いに積極的に参加して考えを
　　深めました。課題を解決するために行動していこうという思いが感じられま
　　した。

○　地域で行われている活動を調べる中で、近所で行われている清掃活動やリ
　　サイクル活動を知り、一緒に取り組みました。地域の人々に感謝され、うれ
　　しそうにしている姿が印象的でした。

○　自分の生活を見直し、物の使い方やごみを減らすための工夫など考えたこ
　　とを話し合い、グループで意見を交流することができました。

△　自分が身近な環境から影響を受けていることを知りました。住みやすくする
　　ための工夫、環境によい生活のための工夫などを、身近な生活から探し出
　　し実践していけるよう働きかけました。

△　必要のない物を買わない、最後まで使い切るなど、自分のちょっとした行動
　　が環境と結びついていることに気づくことができるよう、自分の生活の中で、
　　無理なく実践していけることはないかなどを考えられるように指導しました。

体育

指導要録の観点とその趣旨

観点	趣旨
❶知識・技能	●各種の運動の行い方について理解しているとともに、各種の運動の特性に応じた基本的な技能を身に付けている。また、心の健康やけがの防止、病気の予防について理解しているとともに、健康で安全な生活を営むための技能を身に付けている。
❷思考・判断・表現	●自己やグループの運動の課題を見付け、その解決のための活動を工夫しているとともに、自己や仲間の考えたことを他者に伝えている。また、身近な健康に関する課題を見付け、その解決のための方法や活動を工夫しているとともに、自己や仲間の考えたことを他者に伝えている。
❸主体的に学習に取り組む態度	●各種の運動の楽しさや喜びを味わうことができるよう、各種の運動に積極的に取り組もうとしている。また、健康・安全の大切さに気付き、自己の健康の保持増進や回復についての学習に進んで取り組もうとしている。

A　体つくり運動

〔知識・技能〕　　　　　　　　　　　　　　　　　評価のチェックポイント

●体つくりの運動の楽しさや喜びを味わい、その行い方を理解するとともに、体を動かす心地よさを味わったり体の動きを高めたりしているか？

◎　体ほぐしの運動では、グループや学級の仲間と力を合わせて挑戦することの大切さを理解し、声をかけ合って活動を楽しむことができました。

◎　体の動きを高める運動では、自分の課題を理解し、よりレベルの高い条件に設定して体力の向上を図っていました。めあてを達成する喜びを味わいながら運動を楽しむ姿が見られました。

○ 体ほぐしの運動では、用具の使い方を理解して友達と楽しみながら運動することができました。

○ 体の動きを高める運動では、登り棒につかまっている時に必要な力の入れ具合に気づき、長い時間つかまることができるようになりました。

△ 体ほぐしの運動では、ペアやグループをつくる活動に消極的になることがありました。友達と一緒に運動することのよさを実感できるような声かけをしています。

△ 体の動きを高める運動では、5分間走り続けることに苦戦していました。自分のペースを守ったり腕をリズムよく振ったりする大切さを指導してきました。

[思考・判断・表現]	評価のチェックポイント
●自分の体の状態や体力に応じて、運動の行い方を工夫したり考えたことを友達に伝えたりしているか？	

◎ 体ほぐしの運動では、体の動きを高めるために工夫された運動の行い方を考え、友達に広げる姿が見られました。

◎ 体の動きを高める運動では、友達とリズムに乗って運動する楽しさを学習カードに書き、振り返りの時間に発表していました。学習を通して運動の楽しさを学級の友達と共有することができました。

○ 体ほぐしの運動では、同じ運動だけでなく様々な工夫をしていました。学習カードには自分のめあてをどのようにすれば達成できるかまとめていました。

○ 体の動きを高める運動では、体の柔らかさを高めるためにボールの大きさを変えたり操作の仕方を変えたりして、工夫して活動に取り組んでいました。

△ 体力を高める運動では、自分のめあてを達成するための運動の行い方を考

えることに苦戦していましたが、友達や教師からアドバイスされると、自分に合った運動の行い方を選ぶことができました。

△ 体の動きを高める運動では、短なわ跳びを一定時間続けることが難しく、止まってしまうことがありました。自分に合った回数や時間を考えて取り組んでいけるように支援してきました。

[主体的に学習に取り組む態度]　　　　　　　　　評価のチェックポイント

●運動に積極的に取り組み、約束を守り助け合って運動をしたり、友達の考えや取組を認めたり、場や用具の安全に気を配ったりしているか？

◎ 体ほぐしの運動では、ペアやグループになった友達にやさしい言葉をかけたり励ましたりして助け合い、意欲的に運動を楽しむ姿が見られました。

◎ 体の動きを高める運動では、友達が考えた動きの工夫を取り入れながら、安全に気をつけてよりレベルの高い動きを生み出そうと活動することができました。

○ 体ほぐしの運動では、動作や人数の条件を変えながら、どの運動にも友達と楽しく取り組んでいました。

○ 体の動きを高める運動では、自分のめあてを達成できるような場や用具の準備・片づけに取り組むことができました。

△ 体ほぐしの運動では、友達と一緒に活動することに消極的でした。ともに運動する楽しさを感じられる機会が増えるように指導してきました。

△ 体の動きを高める運動では、自分の課題を見つけることに苦戦していましたが、友達の運動の行い方を真似したりアドバイスをもらったりすることで、自分の体を知るきっかけになりました。

教科
体育

B 器械運動

●運動の楽しさや喜びを味わい、その行い方を理解するとともに、その技を身につけているか？

◎ マット運動では、開脚前転に挑戦しました。技のポイントを理解し、友達とアドバイスし合いながら意欲的に練習に取り組んでいました。

◎ 跳び箱運動では、意欲的に準備・片づけをしていました。練習では跳ぶ楽しさを味わいながら、よりレベルの高い技を身につけることができました。

○ マット運動では、柔軟性をマットの連続技に生かしていました。特に開脚前転や開脚後転をきれいにできるようになりました。

○ 鉄棒運動では、回転する楽しさを味わいながら今まで身につけた技を生かした組み合わせ技に挑戦していました。

△ マット運動では、回転する感覚をつかむことが難しく、なかなか技に取り組むことができませんでしたが、友達に支えてもらったり技のポイントをアドバイスしてもらったりして、回転する感覚を身につけることができるようになってきました。

△ 跳び箱運動では、恐怖心から強く踏み切ることに苦戦していましたが、スポンジの跳び箱やロイター板を準備することで、練習するうちに勇気をもって踏み切ることができるようになりました。

●自分の能力に適した課題の解決の仕方を考え、技の組み合わせ方を工夫したり、考えたことを友達に伝えたりしているか？

◎ 鉄棒運動では、前方支持回転に挑戦しました。技が美しく見えるようにツバメの姿勢からふとん干しを繰り返したり補助具で回転しやすくしたりして、工夫して練習に取り組むことができました。

◎ 跳び箱運動では、友達と自分の技を見比べて課題を見つけると、克服するための練習の場を友達と話し合いながら工夫してつくっていました。

○ マット運動では、同じ練習ではなく様々な場をつくって練習してめあてを達成しようとしていました。

○ 鉄棒運動では、同じ技に取り組む友達とお互いの技を観察し合い、課題やこつを考えながら練習していました。

△ マット運動では、後転がうまくできずに悩んでいました。友達の練習を見たり坂道マットをつくるなど場づくりを工夫したりして練習できるように声をかけてきました。

△ 跳び箱運動では、課題を見つけることに苦戦していました。同じ技に挑戦している友達にアドバイスを求めたり自分の技を映像で振り返ったりして、少しずつ自分の課題を見つけることができるようになってきました。

〔主体的に学習に取り組む態度〕　　　　　　　　評価のチェックポイント

●運動に積極的に取り組み、約束を守り助け合って運動したり、友達の考えや取組を認めたり、場や器械・器具の安全に気を配ったりしているか？

◎ マット運動では、基本的な技を安定して行えるようになると、発展技に挑戦したり、できる技を組み合わせたりして、新たな課題に取り組んでいく意欲的な姿が見られました。

◎ 鉄棒運動では、同じ技に挑戦している友達と互いの技を観察し合い、アドバイスや励ましの声をかけるなどして助け合って活動することができました。

○ マット運動では、技のポイントを友達と話し合いながら練習することができました。

○ 跳び箱運動では、準備や片づけを進んで行っていました。また、跳んだ後にマットや踏み切り板が曲がった時にはすぐ直し、安全に練習ができるよう考えながら活動していました。

△ 鉄棒運動では、痛みへの不安からなかなか活動に参加することができませんでしたが、補助器具や鉄棒の下にマットを敷くことで練習に取り組むことができるようになってきました。

△ 跳び箱運動では、恐怖心から練習に取り組めず友達の練習を見ていることが多くありました。友達のよいところをたくさん見つけることができたので、少しでも自分の技に生かせるように声をかけてきました。

C　陸上運動

〔知識・技能〕	評価のチェックポイント
●運動の楽しさや喜びを味わい、その行い方を理解するとともに、その技能を身につけているか？	

◎ ハードル走では、ハードルを正しい姿勢でリズミカルに走り越え、自分の目標とする記録を達成することができました。

◎ 走り幅跳びでは、助走のスピードを生かして強く踏み切ることを意識して練習に取り組み、跳ぶ楽しさを味わうことができました。

○ リレーでは、バトンを受ける手の位置や高さを友達とアドバイスし合い、減速の少ないバトンの受け渡しをすることができました。

○　走り高跳びでは、リズミカルに助走する練習に取り組み、力強く踏み切ることができるようになりました。

△　ハードル走では、一定の歩数でハードルを走り越えることに苦手意識がありました。リズムを意識できる場で練習したことで、少しずつ歩数が一定になり、安定してハードルを跳び越せるようになりました。

△　苦手意識のあった走り高跳びでは、上体を起こして力強く踏み切ることを意識して練習していたので、少しずつバーを跳び越すことができるようになってきました。

〔思考・判断・表現〕　　　　　　　　　　　　　　　　評価のチェックポイント

●自分の能力に適した課題の解決の仕方、競争や記録への挑戦の仕方を工夫するとともに、自分や仲間の考えたことを友達に伝えているか？

◎　リレーでは、友達のリードするタイミングやバトンのもらい方のよかったところを伝え、同じチームの友達と共有し合いました。そのよさを生かし、見事にタイムを縮めることができました。

◎　走り幅跳びでは、強く踏み切ることをめあてに立て、助走距離を工夫したりフラフープを使ったりしながら踏み切りのタイミングをつかむことができました。

○　ハードル走では、自分に合ったインターバルを見つけるために、いろいろな場をつくって練習することができました。

○　走り高跳びでは、自分のめあてを達成するために練習の場を工夫して取り組んでいました。

△　リレーでは、勝ち負けにこだわるあまり、チームの友達のことを考えられなくなる場面がありました。チームのみんながめあてに向かって協力して取り

組む大切さを感じられるように声をかけました。

△　走り幅跳びでは、自分の課題をなかなか見つけることができませんでした
　　が、友達の跳び方と比べる活動を通して動きのポイントを見つけると、課題
　　を克服する練習に少しずつ取り組むことができるようになりました。

〔主体的に学習に取り組む態度〕　　　　　　　　　　　　評価のチェックポイント

●運動に積極的に取り組み、約束を守り助け合って運動したり、勝敗を受け入
　れたり、友達の考えや取組を認めたり、場や用具の安全に気を配ったりして
　いるか？

◎　リレーでは、チームのタイムが速くなったことを喜び合い、よりスムーズにバ
　　トンの受け渡しができるポイントを友達と話し合って記録の向上を目指して
　　いました。

◎　走り高跳びでは、友達と協力して準備や片づけに取り組むことができまし
　　た。また、マットの位置を整えたり石を拾ったりしてみんなが安全に跳べる
　　ように気を配っていました。

○　ハードル走や走り高跳びでは、自分のめあてをもって練習することができま
　　した。また、動きの様子を進んで見て、友達のよさを自分に生かそうとして
　　いました。

○　走り幅跳びでは、助走距離や着地の仕方を友達とアドバイスし合いながら
　　練習していました。

△　リレーでは、チームの友達に自分の考えが伝えられず話合いに参加するこ
　　とに消極的でした。振り返りの時間をチームでつくったことで、チームの課
　　題や成果を友達に伝えることができるようになってきました。

△　ハードル走では、ハードルにぶつかることへの恐怖心から減速してしまうこ

とが課題でしたが、ハードルの板を新聞紙で折りたたんだものにしたりスポンジ製のものにしたりすることで、スピードに乗って跳び越すことができるようになりました。

D　水泳運動

> **[知識・技能]**　　　　　　　　　　　　　　　　評価のチェックポイント
>
> ●運動の楽しさや喜びを味わい、その行い方を理解するとともに、その技能を身につけているか？

◎　クロール・平泳ぎを美しいフォームで泳ぐことができました。また、練習を重ねていくにつれて長く泳ぐこともできるようになりました。

◎　安全確保につながる運動では、タイミングよく呼吸したり手や足を動かしたりして、長く続けて浮くことができました。

○　クロールでは、友達や教師のアドバイスをもらって肩の使い方が上手になり、1ストロークで進む距離を伸ばすことができました。

○　安全確保につながる運動では、手や足をゆっくり動かすことで背浮きの姿勢が崩れないことに気づき、意識して練習していました。

△　平泳ぎでは、手や足の動きと呼吸のタイミングを合わすことができず止まってしまう場面がありました。陸上で動きの確認をしたり友達に助言してもらったりして、少しずつタイミングをつかむことができるようになってきました。

△　安全確保につながる運動では、初めは水に抵抗感を感じていましたが、補助具を胸に抱えたり友達に腰を支えてもらったりすることで、少しずつ水に慣れることができるようになってきました。

●自分の能力に適した課題の解決の仕方や記録への挑戦の仕方を工夫するとともに、自分や友達の考えたことを伝えているか？

◎ クロール・平泳ぎでは、自分のめあてに合わせて練習方法を工夫して取り組んでいました。また、積極的に友達にアドバイスをしていました。

◎ 安全確保につながる運動では、友達の手足の動きや呼吸の合わせ方のよさを友達に伝えたり自分に生かそうとしたりしていました。

○ 平泳ぎでは25m泳ぎきるために、手や足の動かし方をスムーズにしたいという目標に向けて練習しました。上手にできる友達の泳ぎ方をよく見て、少しでも近づけるように努力していました。

○ 安全確保につながる運動では、背浮きの時間を伸ばすことができるように練習の仕方を工夫していました。

△ クロールでは、自分の課題を見つけることに消極的でした。友達の泳ぎと比べる活動を通して、少しずつ自分の課題を見つけ、練習に取り組むことができるようになってきました。

△ 安全確保につながる運動では、ペアやグループでの活動になかなか参加することができませんでした。互いの動きを見合うことの大切さを指導しました。

〔主体的に学習に取り組む態度〕   評価のチェックポイント

●運動に積極的に取り組み、約束を守り助け合って運動したり、友達の考えや取組を認めたり、水泳運動の心得を守って安全に気を配ったりしているか？

◎ 水泳運動では、自分や友達の体調に気をつけたりプールの底や水面に危

険物がないか確認したりして、安全な環境で学習に臨む姿勢が見られました。

◎ クロールでは、肩の使い方や呼吸の仕方などを友達や教師に聞いたり自分で調べたりして、向上心をもって練習に取り組むことができました。

○ 水泳運動では、友達のがんばりを褒めたり一緒に練習したりして、協力して取り組んでいました。

○ 水泳運動では自分の目標をもって練習するとともに、友達と声をかけ合ったりアドバイスし合ったりしていました。

△ 水に対する恐怖心から、活動に消極的でした。もぐったり浮いたりする活動を通して、少しずつ水に慣れることができるようになってきました。

△ 水泳運動では、毎時間めあてをもって取り組むことができました。ただ、プールサイドでは歩く・休憩を必ずとるといった約束を守れるように指導してきました。

E ボール運動

教科
体育

〔知識・技能〕　　　　　　　　　　　　　　　　評価のチェックポイント

●運動の楽しさや喜びを味わい、その行い方を理解するとともに、その技能を身につけ、簡易化されたゲームをしているか?

◎ バスケットボールでは、得点しやすい場所やパスを受けやすい位置に移動するなど、ボールをもっていない動き方を理解してシュートやパスを楽しむことができました。

◎ ソフトバレーボールでは、同じチームの友達が受けやすいようにボールをつなぎ、ラリーが続く楽しさを味わいながら活動することができました。

○ ソフトバレーボールでは、相手コートにボールを打ち返してゲームを楽しんでいました。

○ ティーボールでは、相手のいないところを狙って止まっている球を打つことができました。

△ バスケットボールでは、思ったようにシュートすることができずゲームや練習に消極的でしたが、シュートが入りやすい場所に目印を付けることで少しずつシュートを入れることができるようになってきました。

△ ティーボールでは、打球を捕ることに苦手意識をもっていました。ボールに対して正面に入ることはできているので、手に当てることを意識できるように声をかけました。

〔思考・判断・表現〕 　　　　　　　　　　　　　評価のチェックポイント

●ルールを工夫したり、自分やチームの特徴に応じた作戦を選んだりするとともに、自分や仲間の考えたことを伝えているか？

◎ バスケットボールでは、学級のみんなが楽しくゲームに参加できるように、ボールの大きさ・柔らかさや得点の仕方などのルールを工夫する姿がたくさん見られました。

◎ ソフトバレーボールでは、チームの課題を解決するための練習方法を考えて友達に伝え、実践することができました。友達の考えも取り入れながら楽しく取り組むことができました。

○ ソフトバレーボールでは、同じチームの友達のよさを考え、ポジションなどを考えることができました。

○ ティーボールでは、打者によって守る位置を変えるなど工夫して作戦を考えてゲームを楽しんでいました。

△　バスケットボールでは、ゲームを楽しんでいる姿が見られました。チームで作戦を考えることで、さらに楽しく取り組むことができると指導しました。

△　ティーボールでは、守備側になると消極的な姿が見られました。相手の守備の位置やボールの捕り方など、友達のよいところを見つけて真似することで少しずつ楽しく取り組むことができるようになりました。

〔主体的に学習に取り組む態度〕　　　　　　　　　　　　評価のチェックポイント

●運動に積極的に取り組み、ルールを守り助け合って運動をしたり、勝敗を受け入れたり、仲間の考えや取組を認めたり、場や用具の安全に気を配ったりしているか？

◎　ソフトバレーボールでは、チームのよさや課題を積極的に話し合い、よりよいチームにしようとする姿勢が見られました。友達と楽しく関わりながら学習に取り組むことができました。

◎　ティーボールでは、バットを振る時は周りにいる友達に声をかけたりボールが転がっているとすぐに箱に片づけたりして、安全に学習を進めることができました。

○　バスケットボールでは、同じチームの友達にアドバイスをしたり励ます言葉かけをしたりして練習やゲームに取り組んでいました。

○　ティーボールでは、ゲームを行う場の設定や用具の準備・片づけの役割をきちんと果たすことができました。

△　バスケットボールでは、ルールや動き方が難しいために練習やゲームに消極的でした。同じチームの友達にルールを確認したり相手チームの動き方などを見たりして、少しずつ楽しく取り組むことができるようになってきました。

△　ソフトバレーボールでは、ボールへの恐怖心から活動に参加できない場面

教科
体育

221

がありました。大きなボールにしたり柔らかいボールにしたりすることで楽しく練習やゲームに取り組めるようになってきました。

F　表現運動

◎　表現では、場面に合わせて大きく動いたり小さくなったり、時にはリズミカルに踊ったりして、表したい感じを上手に踊って表現することができました。

◎　フォークダンスでは、「○○」を踊りました。踊りの由来や背景を理解して、低く踏みしめるような足取りや腰の動きで力強く踊ることができました。

○　表現では、題材の特徴をとらえ、動きを誇張したり変化をつけたりして踊っていました。

○　フォークダンスでは、「○○」を踊りました。みんなで手をつなぎ、声をかけながら力強いステップで踊っていました。

△　表現では、表したい感じをどう表現すればよいか困っている場面がありました。ペアやグループで話し合って考えることで、少しずつ自分の表現の仕方を表すことができるようになってきました。

△　フォークダンスでは、踊り方を身につけることに苦戦していました。友達の踊り方を見たりアドバイスをもらったりすることで、楽しく踊ることができるようになってきました。

●自分やグループの課題の解決に向けて、表したい内容や踊りの特徴をとらえた練習や発表・交流の仕方を工夫するとともに、自分や仲間が考えたことを伝えているか？

◎　表現では、素早く走って急に止まるなど、急変する動きを入れながら様々な動きを考えて題材から想像したイメージを表現することができました。

◎　フォークダンスでは、日本の民謡を踊りました。特徴や感じが異なるものによって踊り方を考えたり友達と見合ったりしながら、よりよい表現方法を考えていました。

○　表現では、他のグループの友達の踊りを見て、表現の仕方のよかったところを自分のグループに生かそうとしていました。

○　フォークダンスでは、ペアやグループで踊りを見合い、踊りの特徴が出ているか友達とアドバイスし合う姿が見られました。

△　表現では、表したい感じを表現することに苦戦していました。そのため、友達と踊りを見合うことで動き方を考えることができるということを指導しました。

△　フォークダンスでは、自分の課題を見つけることに苦手意識をもっていました。自分の踊っている動画を見たり友達の踊りと比べたりして、少しずつ課題を見つけることができるようになりました。

教科
体育

> ●運動に積極的に取り組み、互いのよさを認め合い助け合って踊ったり、場の
> 安全に気を配ったりしているか？

◎　表現では、友達と動きを見合ったりアイデアを出したりしながら表したいイ
　メージの表現の仕方を意欲的に考えていました。

◎　フォークダンスでは、外国の踊り方に興味をもち、小道具や衣装を着けて
　友達と一緒に踊る雰囲気を楽しむことができました。

○　表現では、題材からひと流れの動きにして即興的に表現することを楽しん
　でいました。

○　フォークダンスでは、ペアやグループで踊る時にぶつからないように安全に
　気をつけながらダンスに取り組んでいました。

△　表現では、動きが小さくなる場面がありました。友達に見てもらったり自分
　が踊っている動画を見たりして、少しずつ大きく楽しんで踊ることができるよ
　うになってきました。

△　フォークダンスでは、恥ずかしさから友達と一緒に踊ることに消極的でした
　が、1つ動作を覚えると楽しく踊ることができるようになってきました。

保健〈5年〉

1 心の健康

┌───┐
│ 〔知識・技能〕   評価のチェックポイント │
│   │
│ ●心の発達及び不安や悩みへの対処について理解するとともに、簡単な対処を │
│   しているか？   │
└───┘

◎ 不安や悩みへの対処には、様々な方法があることを理解することができました。また、その中から自分にとって一番よい方法を選択することができました。

◎ 心の発達の学習では、自分の今までの経験を振り返りながら、人や自然との関わりが大切であることに気づくことができました。

○ 心の状態が体に影響し、体の状態が心に影響することを自分の経験を振り返りながら理解していました。

○ 不安や悩みへの対処の学習を通して、友達や家族・先生に相談することが大切であることを理解していました。

△ 心と体が密接な関係にあることを、具体的な生活の場面を想起することで少しずつ深く影響し合っていると理解できるようになってきました。

△ 不安や悩みへの対処には様々な方法があることを理解することができているので、自分に合った対処方法をこれから見つける大切さを指導しました。

●心の健康について課題を見つけ、その解決に向けて思考・判断するとともに、それらを表現しているか？

◎　心と体との関わりについて、学習したことを自分の生活に当てはめて考え、そこから様々な問題点を見つけて友達に伝えることができました。

◎　不安や悩みに対処する方法をたくさん考えることができました。実際に試しながら、よりよい方法を模索する姿が見られました。

○　不安や悩みについて、学習したことをもとにして自分の経験を生かした解決策を考えていました。

○　グループの友達が考えた悩みの解消方法を自分で体験して、その時の自分の気持ちを振り返っていました。

△　心と体の関わりについて、自分の生活を振り返ることに消極的でした。学習したことを自分の経験と重ねて考えることで、よりよい心の発達につながると声をかけました。

△　不安や悩みを対処する方法を考えることに消極的でした。体ほぐしの運動や呼吸法などを紹介すると、少しずつ他の対処法を考えることができるようになりました。

●心の健康の大切さに気づくとともに、自分の心に関心をもち、心身の健康の保持増進や回復に進んで取り組もうとしているか？

◎　心の健康の学習を通して、誰にでも不安や悩みがあることに気づき、家族や友達に相談するなど自分に合った適切な対処方法を見つけて実践しよう

と考えていました。

◎　心の発達には人や自然と関わり合うことが大切だと気づき、自分の今後の心の発達について目標をもつことができました。

○　グループで悩みに対する対処の仕方を話し合う場面では、自分の生活を振り返りながら積極的に発言をしていました。

○　心の発達の学習では、自分の心の変化の経験をもとにして考えをワークシートにまとめたり友達に伝えたりしていました。

△　不安や悩みへの対処方法を考えることに消極的でした。自分の経験を振り返ったりいろいろな方法を友達と考えたりする活動を通して、少しずつ自分の対処方法を見つけることができるようになりました。

△　体調が悪い時には集中できなかったり、落ち込んだ気持ちになったりするなど、具体的な場面を想起することで自分の心と体が密接な関係にあることを理解し、これからの自分の心の発達を考えることができるようになりました。

2　けがの防止

〔知識・技能〕	評価のチェックポイント
●けがの防止について理解するとともに、けがなどの簡単な手当てを行っているか？	

◎　けがを防止するためには、心の状態や体の調子をよい状態で保つことが大切だと理解することができました。

◎　けがを防止するための判断や行動には心の状態や体の調子が影響を及ぼすことを、自分の経験と重ねながら理解することができました。

○　生活の中でけがが発生しやすいところはどのような場所なのか、どんな状況なのかについて理解を深めていました。

○　けがの手当てについては、傷口を清潔にしたり患部を冷やしたりするなど、自分でできる簡単な対処をすることができました。

△　交通事故や犯罪被害の防止には、地域の安全施設だけでなく、様々な人たちが関わっていることにも目を向けることができるように指導しました。

△　人の行動や環境がけがと深く関わっていることに気づくために、自分の生活を具体的に振り返る大切さを指導しました。

〔思考・判断・表現〕　　　　　　　　　　　　　　評価のチェックポイント

●けがを防止するために、危険の予測や回避の方法を考え、それらを表現しているか？

◎　けがの発生率のグラフから、どのような状況で事故が起こりやすいかについて気づき、防止するためにはどのような方法をとったらよいか詳しく考えてまとめることができました。

◎　自分のけがに関わる経験を振り返ることを通して、危険の予測の大切さや回避の方法を具体的に考え、友達に伝えることができました。

○　事故やけがの原因は、自分たちの日常生活と深く関係していることに気づくことができました。

○　自分の生活を振り返り、どのような状況で事故が起こりやすいか、今後どんなことに気をつけていくかをワークシートにまとめていました。

△　けがを手当てする方法について理解することができました。これからの生活に生かすために、なぜその方法が適切なのかまで考えることができるよう

に声をかけました。

△ 事故が起こりやすい状況に気づくことができました。日常生活に生かすために、事故を防ぐためにはどんなことに気をつければよいか考えられるように声をかけました。

[主体的に学習に取り組む態度]　　　　　　　　　　　　評価のチェックポイント

●安全の大切さに気づくとともに、安全を確保してけがを防止することに進んで取り組もうとしているか？

◎ けがの発生と人の行動や環境が深く関わっていることを理解し、時間に余裕をもったり睡眠を十分とったりできるように考えるなど、今後の自分の生活を見直そうとしていました。

◎ 交通事故を防止するためには、道路を横断する時に一時停止したり左右の確認をしたりするなど、自分にできることを探して実践しようと考えていました。

○ けがの手当ての仕方に関心をもち、自分にできることを考えてワークシートにまとめたり発表したりしていました。

○ 自分の今までの生活や経験だけでなく、資料や友達の意見をもとに安全の大切さについて進んで発表していました。

△ けがが発生しやすい状況や場所に気づくことができました。けがを防止するためにはどうしたらよいか考えることができると、これからの自分の生活に生かすことができます。

△ けがの防止のために校内で行っている安全対策をたくさん見つけることができたので、安全な学校生活の過ごし方をこれから心がけられるように指導してきました。

保健〈6年〉

3 病気の予防

●病気の予防について、病気の発生要因や予防の方法について理解しているか?

◎ 病気は、病原体・体の抵抗力・生活行動・環境が深く関わり合って起こることを理解することができました。

◎ 「かぜ」の予防について考えた時には、自分の経験を振り返り、適切な運動や食事・睡眠が大切であることを理解することができました。

○ 病気になる原因について、友達と話し合って体の抵抗力や環境などが関わっていることを理解していました。

○ 教科書やビデオなどの資料から、薬物が体に及ぼす害について理解していました。

△ 病気は、病原体や体の抵抗力が原因であることに気づくことができました。生活行動や環境も関わり合って起こることも理解できると、さらに今後の生活に生かすことができます。

△ ロールプレイを通して、飲酒・喫煙の断り方を実践しました。飲酒や喫煙の影響を正しく理解できると、今後の自分の生活に役立てることができます。

●病気を予防するために、課題を見つけ、その解決に向けて思考し判断すると
　ともに、それらを表現しているか？

◎　いくつかの病気の要因や起こり方を比べる活動を通して、それぞれの病気
　　に応じた予防方法を考え、友達に伝えることができました。

◎　自分の身近に起こる病気の予防について考えた時には、発生の要因を理解
　　し、自分の生活の課題を見つけてこれからの予防の仕方を考えることがで
　　きました。

○　病気の起こり方や予防方法の学習を通して、自分の生活を振り返り、そこ
　　から問題点を見つけていました。

○　喫煙や飲酒の体への影響を理解し、地域の様々な保健活動の取組が大切
　　であると考えていました。

△　病気の種類をたくさん発表することができました。病気にならないためには
　　どうしたらよいかについて考えられると、これからの自分の生活に生かすこ
　　とができます。

△　病気の起こり方を理解することができました。自分の生活を振り返る活動を
　　通して課題を見つけることができると、具体的な病気の予防を考えることが
　　できます。

教科
体
育

●健康の大切さに気づくとともに、自分の健康に関心をもち、疾病の予防・回
　復に進んで取り組もうとしているか？

◎　「かぜ」の予防について考えた時には、適切な運動や食事・睡眠が大切で
　　あることを理解し、これからの自分の生活に役立てようと発表することがで
　　きました。

◎　未成年への喫煙や飲酒を勧められるロールプレイでは、適切な断り方を実
　　演していました。健康の大切さを身につけている姿勢が見られました。

○　人々の病気を予防するための地域の施設について、興味をもって調べ学習
　　に取り組んでいました。

○　薬物が体に及ぼす影響を考えた時には、自分の健康を大切に思う姿勢が
　　見られました。

△　「かぜ」が起こる要因は、病原体が関係していることを理解することができ
　　ました。さらに他の要因にも目を向けることができるようになると、今後の自
　　分の生活に生かすことができると指導してきました。

△　病気は、病原体や体の抵抗力が関係していることに気づくことができました。
　　さらに生活行動を振り返る活動に取り組むことで、生活の課題や今後の目
　　標を見つけることができると指導してきました。

外国語

指導要録の観点とその趣旨	
観点	趣旨
❶知識・技能	●外国語の音声や文字、語彙、表現、文構造、言語の働きなどについて、日本語と外国語との違いに気付き、これらの知識を理解している。 ●読むこと、書くことに慣れ親しんでいる。 ●外国語の音声や文字、語彙、表現、文構造、言語の働きなどの知識を、聞くこと、読むこと、話すこと、書くことによる実際のコミュニケーションにおいて活用できる基礎的な技能を身に付けている。
❷思考・判断・表現	●コミュニケーションを行う目的や場面、状況などに応じて、身近で簡単な事柄について、聞いたり話したりして、自分の考えや気持ちなどを伝え合っている。 ●コミュニケーションを行う目的や場面、状況などに応じて、音声で十分慣れ親しんだ外国語の語彙や基本的な表現を推測しながら読んだり、語順を意識しながら書いたりして、自分の考えや気持ちなどを伝え合っている。
❸主体的に学習に取り組む態度	●外国語の背景にある文化に対する理解を深め、他者に配慮しながら、主体的に外国語を用いてコミュニケーションを図ろうとしている。

〔知識・技能〕　　　　　　　　　　　　　　　　　　評価のチェックポイント

1　知識及び技能

●外国語の音声や文字、表現、文構造、言語などについて、その特徴や日本語との違いに気づき、理解しているか？

●外国語の音声や文字、表現、文構造、言語などについての知識をコミュニケーション活動において活用しているか？

●読むこと書くことに慣れ親しんでいるか？

●書き方のルールに気をつけて単語や文を書く技能を身につけているか？

◎ 誕生日を尋ね合う活動では、映像やALTの発音をよく聞き取り、誕生日の言い方や誕生日の尋ね方を理解しました。また、それを使って、クラスの友達とインタビュー活動を積極的に行い、その内容を使って友達の誕生日カレンダーを工夫してつくることができました。

◎ 将来の夢や職業についての基本的な英語表現や表記を理解し、それを使って自分の将来の夢について、スムーズに書いたり話したりすることができました。

◎ 中学校での学校生活を紹介する映像から、中学校の部活動や学校行事の言い方を聞き取り、内容を理解することができました。また、「What do you want to 〜?」の表現を正確に使って友達と交流することができました。

○ 世界の小学生が時間割を紹介する映像を見て、そのおおまかな内容を聞き取ることができました。また、その中の「What do you have on 〜」の表現を使い、友達とインタビュー活動をスムーズに行いました。

○ 時間割についての音声に慣れ親しみました。また、時間割のつづりを理解し、ALTの発話に合わせて文字を指で正確に指すことができました。

○ 世界の国々のお正月を紹介する映像を見て、各国でお正月の過ごし方に違いがあることに興味をもち、その国のお正月の魅力を理解しました。年賀状をつくる活動では、「Happy New Year」や自分が書きたい単語を教科書を見ながら丁寧に書き写すことができました。出来上がった年賀状を友達に紹介し、「上手だね」と褒められた時の○○さんのうれしそうな顔がとても印象的でした。

○ 世界の料理についての映像を見て、丁寧な表現を使った注文の仕方や値段の尋ね方、メニューの言い方を知りました。インタビュー活動では、学習した表現を使い、客と店員に分かれて値段を尋ねたり、欲しいものを聞いたりすることができました。

○ 道案内についての音声を聞き、建物のある場所や道案内の表現を理解し

たり、場所について書き記したりすることができました。また、その内容を使って、自分たちの町の道案内をすることができました。

○ あこがれの人についての音声を聞き、職業や性格、できることなどを理解しました。また、自分があこがれている人を紹介する活動では、職業や性格などの表現を適切に使い、自分の考えていることを上手に紹介することができました。

△ 教科書に出てくる世界の衣食住の話を聞き、興味のある内容に反応する様子が見られました。少しずつ、英文を聞いて内容を理解しようとする姿が見られはじめ、うれしく思います。○○さんのやる気が継続するような声かけを続けてきました。

△ 夏休みにしたいことについての映像を見て、内容を理解しようと努力しました。しかし、それをもとに、自分の夏休みにしたいことを書き表す際に、語順が分からなくなってしまうことがありました。チャンツや歌などで、語順を確認するなど、○○さんが無理なく覚えられる方法を一緒に考えてきました。

〔思考・判断・表現〕　　　　　　　　　　　　　評価のチェックポイント

2　聞くこと

● 内容を理解するために、会話やスピーチなどを聞き、その概要をとらえているか？

● 既習の内容や身近で簡単な事柄などについて、語句や基本的な表現を聞き取っているか？

● コミュニケーション活動において聞いたり話したりすることを通して、自分の気持ちなどを伝え合っているか？

● コミュニケーション活動において既習の音声や基本的な表現を使って、考えながら読んだり語順を意識して書いたりして自分の考えや気持ちなどを伝えているか？

◎ 教科書に出てくる登場人物の好きなものや苦手なものの内容を聞き取り、その内容を友達と交流することができました。教員やALTの自己紹介を聞いた際には、おおまかな内容を理解し、分からない単語があると質問するなど熱心に取り組みました。

◎ 教科書に出てくる教科や曜日などの音声を聞き取り、理解することができました。また、その内容を生かしたポインティングゲームでは、出てきた単語を正確に聞き取り、ワークシートに書いてある文字を素早く見つけることができました。

○ 教科書に出てくる月や日付の言い方を聞き取ることができました。また、友達とのペア活動では、友達の誕生日を聞き、ワークシートに記録することができました。

○ 人物当てクイズでは、教員(ALT)の出す「He (She) is ～」などのヒントを聞き取り、その人物は誰なのかを考え、見つけることができました。

○ 世界の料理についての映像を見たり、説明を聞いたりすることを通して、気づいたことや分かったことをワークシートに記すことができました。

○ 都道府県あてクイズでは、その県にあるものやそこでできること、食べられるものなどを聞き取り、その県が何県なのかを考え、友達と交流することができました。

△ 1日の生活を紹介する映像を見て内容を理解しようと努力しました。しかし、分からない単語が出てくるとそこで聞くのをあきらめてしまうことがありました。隣で声をかけると、しっかり最後まで聞いて、「○○ってことかな?」と推測しながら内容を理解しようとすることができるので、声かけを続けてきました。

3 話すこと［やりとり］

●相手からの依頼や質問に対して、考え、判断して伝えているか？

●既習の内容や身近で簡単な事柄に対してその場で質問したり答えたりして伝え合っているか？

◎ 人物当てゲームでは、友達にインタビューをしてできることとできないことをまとめました。また、友達から聞いたことと既習の単語を結びつけて文をつくり、友達に人物当てクイズを出すことができました。

◎ 道案内の映像を見て、道案内で使う表現や単語の言い方を理解しました。ワークシートを使って友達と道案内の練習をした際には、案内役として、既習の単語を思い出しながら道案内を考え、友達が行きたい場所へ正確に案内をすることができました。

○ インタビュー活動では、「Do you like 〜?」や「I like 〜」の表現を使って友達と交流することができました。友達の好きなものを聞いて理解したり、友達と好きなものを尋ね合ったりしながら、英語を使った交流の楽しさを感じていました。

○ 誕生日を伝え合う活動では、自分の誕生日を相手にしっかりと伝え、相手の誕生日も理解することができました。また、誕生日に欲しいものを聞く表現を何度も練習し、友達と誕生日に欲しいものを尋ね合うことができました。

○ 教科書の映像や教員（ALT）の話から教科や時間割の言い方を学習しました。友達とのインタビュー活動では、友達の好きな教科を聞いたり、自分の好きな教科を言ったりした内容をワークシートに記入することができました。

○ チャンツを使ってスポーツや動作の言い方に慣れ親しみました。インタビューゲームでは、友達のできることやできないことを聞いたり、自分のできることやできないことを伝えたりして、ゲームを楽しんでいました。

教科
外国語

△ チャンツを使って「What would you like?」や食べ物や飲み物、値段の言い方の練習を繰り返し行いました。客と店員に分かれて、昼食の注文の練習をした際には、教師(ALT)と一緒に1つずつ内容を確認しながら、欲しい料理を考え、練習した表現を使って注文しようと努力しました。

△ 夏休みの思い出についての映像を見て、その内容を理解しようと一生懸命に聞こうとしていました。夏休みの思い出を話す活動では、自分の思いを話す際に、どう話せばよいか分からず、活動に参加することができませんでした。教師が隣で内容を確認しながら一緒に言うと、少しずつ話そうという気持ちになりました。

〔思考・判断・表現〕　　　　　　　　　　　　　　評価のチェックポイント

4　話すこと［発表］

- ●既習の内容や身近で簡単な事柄について、自分の伝えたい内容が相手に伝わるように、簡単な語句や表現を用いて話しているか?
- ●自分の考えや気持ちなどを、聞き手に分かりやすく伝わるように、話す内容の順番を決めたり選んだりして、話しているか?

◎ チャンツを使って教科や曜日などの言い方に慣れ親しみました。自分がつくったオリジナルの時間割の発表では、"I like playing the piano."と理由を述べ、音楽がたくさん入った理想の時間割を紹介することができました。

◎ 「Can you ～?」の表現の学習では、できることやできないことについて友達や教員に進んでインタビューしていました。インタビューで分かった友達のできることについて、ジェスチャーをつけた分かりやすい発表をすることができました。

◎ チャンツを使って教科や曜日などの言い方に慣れ親しみました。オリジナルの時間割をつくる活動では、なりたい職業のために、何の教科が必要かを

考え、オリジナルの時間割を完成させ、それを友達に自信をもって発表することができました。

◎ できることやできないことについて「Can you ～?」の表現を使って友達や教員にインタビューし、その人のできることやできないことを、相手を意識した聞きやすい速さで、ジェスチャーなどを付けて紹介することができました。

○ 人物当てクイズでは、職業や性格などのヒントを考え、みんなにクイズを出すことができました。

○ 小学校生活の思い出をランキング形式にし、"My best memory is the school trip."とみんなの前で紹介することができました。

○ チャンツや歌などを使ってあこがれの人を紹介するための言い方を繰り返し練習しました。あこがれの人を紹介するスピーチでは、絵や文字をたよりに、ゆっくり落ち着いて発表することができました。

○ 人物当てクイズでは、職業や性格などのヒントを考え、みんなにクイズを出すことができました。

○ 教科書の映像から町紹介の仕方を知り、また、自分の住んでいる地域の名産品の言い方も学びました。町紹介の活動では、自分の町にあるものや自分の町でできることを、絵や文字を使って発表することができました。

△ ペア学習を通して、夏休みに行った場所や食べたものを伝える言い方を身につけることができました。全体の前でのスピーチには控えめな姿勢でしたので、"I went to the ….."とスピーチの出だしを教師が一緒に発音しました。ペアや少人数での練習を繰り返し、自信をもって活動できるよう励ましています。

△ 町紹介の映像を視聴し、「○○市を英語で紹介してみたい!」と学習意欲を高めていました。しかしながら英語を使わずに、紹介したいものを絵や文字で表したポスターを見せ、満足していたところが惜しいです。チャンツや

ALTによるフレーズ練習などを繰り返し行い、自信をもって話せるよう指導を
続けています。

5 読むこと・6 書くこと

- ●書き方のルールに気をつけて単語や文を書き表しているか？

- ●今までに慣れ親しんだ語句や表現を読んで考えたり、必要な語句や表現を選んで書いたり（写したり）しているか？

- ●活字体で書かれた文字の形の違いを識別し、文字を見てその名称を発音しているか？

◎ チャンツや歌などを通して曜日や教科の言い方を学習しました。Threeの「th」の発音を思い出して、Thursdayやmathを推測しながら発音できました。

◎ 自己紹介では、"I like baseball. My favorite baseball player is ～ "を例として語順を意識しながら"I like music. My favorite musician is ～ "と書くことができました。

○ ポインティングゲームでは、教師(ALT)の発音をよく聞いてどの単語か考え、素早くワークシートから見つけることができました。

○ 好きな教科当てクイズでは、自分の好きな教科を選んで、その教科のつづりをワークシートに書き写すことができました。

○ 友達とできることやできないことを尋ね合う活動では、自分のできることを考え、その単語を教科書に書き写すことができました。

○ チャンツや歌などを通して、教科や曜日などの言い方を学習しました。音声で慣れ親しんだ単語や語句がどのようなつづりかを確認し、音声と文字の結びつきに気づきました。

○ ポインティングゲームでは、音声からどの文字かを考え、ワークシートに答えを書くことができました。

○ 教員（ALT）の発音をよく聞き、音声の違いを聞き取り、その単語をワークシートの中から見つけることができました。

○ 自己紹介活動では、自分の名前のアルファベットを大文字で書くことができました。また、それを使って名刺をつくり、友達と交換ゲームをして英語に慣れ親しむことができました。

○ 誕生日や誕生日に欲しいものを尋ね合う活動を通して、友達の誕生日や欲しいものを理解し、それを使ってクラスの誕生日カレンダーをつくることができました。

○ 好きな教科当てクイズでは、自分の好きな教科を選んで、その教科のつづりをワークシートに写すことができました。

○ 友達とできることやできないことを尋ね合う活動では、自分のできることを考え、その単語を教科書に書き写すことができました。

○ レストランのメニューについての音声を聞き、その内容を理解しました。レストランで注文するものを選ぶ活動では、選んだものの単語をカードに書き写そうと努力していました。

△ 文字を一文字ずつ指でなぞりながら、一生懸命読もうとする姿に好感がもてました。チャンツや歌を通して確実に読むことや書くことが身につくよう、指導してきました。

△ hとn、gとqなど、似ている形の小文字も書き分けられるようになり、少しずつ書くことに対して自信をもち始めているようです。努力を続けていこうとする〇〇さんの姿勢を大切に育ててきました。

教科
外国語

241

5つの領域の中で

● 日本以外の国の文化に対する理解を深め、相手に配慮しながら、外国語を用いて主体的にコミュニケーションを図ろうとしているか？

● 自らの学びを振り返り、次の学習につなげようとする意欲や次の学習への見通しをもって取り組もうとしているか？

● 主体的に課題に取り組み、英語を使って表現活動をしようとする意欲や態度が見られるか？

◎　世界の衣食住についての話を聞き、日本と似ているところや違うところを見つけ、その内容を積極的に友達に伝えました。また、それぞれの国の衣食住について興味をもちそのよさを見つけ、振り返りカードに書き記すことができました。

◎　自己紹介を行う活動では、自分の名前のつづりを正確に書き記すことができました。また、友達の自己紹介を聞き、好きなものを理解したり、分からないことを尋ねたりするなど、意欲的に活動に参加しました。

◎　自分のなりたい職業の英語での発音の仕方を自分からALTに尋ねるなど、意欲的に活動に参加していました。単語の発音が分かるようになると、繰り返し練習し、それを使って、その職業に就くためのオリジナルの時間割を友達に発表することができました。上手に話せた時の満足そうな笑顔がとても印象的でした。

◎　ものがある場所を聞いて、位置を理解したり、その内容を使って道案内をしたりする活動に積極的に参加していました。指示を聞いて方向や行き先、物が置かれている場所を見つけ出す活動では、ALTの英語をよく聞き、指示通りの場所をワークシートから探し出すことができました。

○　「Can」や「Can't」を使った表現を聞き、「Can you ～」や「I can ～」の表現を使って友達にできることやできないことを尋ねたり、伝えたりすること

ができました。また、友達だけでなく、担任やALTに積極的にインタビュー
をして、その内容を紹介することができました。

○ 自己紹介の学習では、アルファベットで名前のつづりを書いたり、友達の
名前のつづりを聞いて、その人が誰なのかを当てたりしました。聞き取れ
なかった時には、友達に聞き返すなど、意欲的に活動に参加しました。

○ あこがれの人を紹介する映像を見て、紹介の仕方や言い方を学びました。
人物当てクイズでは、職業や性格などのヒントを出して人物についてのクイ
ズを出したり、友達のクイズの内容を聞き取り、それに答えたりして、積極
的にクイズを楽しむ様子が印象的でした。

△ おすすめの国とその理由を紹介する活動では、前に出て発表することに少
し抵抗感をもっていたようですが、ALTと一緒にゆっくりと発音の練習をする
ことで話すことへの自信がつき、「やってみよう」という思いをもてるようにな
りました。今後も、○○さんと相談しながら、できるところを見つけて取り
組むことができるように支援していきます。

△ 「小学校の思い出BOOK」をつくる活動では、どの思い出を本にまとめよう
か考えるのに時間がかかり、なかなか活動が進みませんでした。再度、例
文を提示したり、友達の作品を参考にしたりするようにアドバイスし、教師
と一緒に文や絵を考え、自分なりの「小学校思い出BOOK」を完成させるこ
とができました。これからも、この経験を生かして、困難なことがあっても
諦めずに挑戦していってほしいと声をかけています。

教科
外国語

IV章

特別の教科 道徳
〈子どもの様子別〉

A　主として自分自身に関すること
B　主として人との関わりに関すること
C　主として集団や社会との関わりに
　　関すること
D　主として生命や自然、崇高なもの
　　との関わりに関すること

特別の教科　道徳

道徳の評価について

　　通知表を手にした子どもと保護者が、笑顔になれる文面を目指したいものです。つまり◎のものを書くこととし、△は必要ありません。また基本的に、専門用語（道徳用語）は、使用しないほうがよいでしょう。保護者や子どもに伝わりにくいと思われます。

　　道徳の評価は「魚つり」と考えてみましょう。年間、35匹釣り上げたならば、その内の1匹のよいものの魚拓をとるイメージです。「大くくりな評価」を気軽にとらえてみましょう。

4つのポイント

①児童の学習状況や道徳性に係る成長の様子が見えるところ。
②価値の理解を自分自身との関わりの中で深めていることが分かるところ。
③成長を積極的に受け止め、認め、励ます、個人に対する内容にする。
　　→よって、数値による評価はしない。◎の部分を積極的に書く。△は書かない。
④特に顕著に見られる具体的な状況を記述する。

道徳ノート・ワークシートに書く視点

例）こんなことがあったよ（経験）
　　分かったこと、感じたこと（どこから分かったのか、友達の発言? 資料?）
　　こうしていきたいな、こうなりたいな（よりよい明日、よりよい自分を目指して）

決意表明とはしない

①自分を振り返る
②気づく
③こうなりたい　というパターンでは評価できません。

書くことのよさ

振り返り
積み重ね→次に生かす→学び方を教える
共感的なコメントを紹介する。

評価の書き方

□学期や年間を通した「大くくりなまとまり」の中での見取りを行った内容。

□一面的な見方から、より多面的・多角的な見方へと発展していったことや、道徳的価値を自分自身との関わりの中で深めている部分（授業で特化した言動など）などの内容。

基本パターン

「（教材名）」の学習では、「（中心発問：〔例〕節度ある生活はどうして必要なのだろうか）」について考えました。
「…………」と発言し（ノートにまとめ）、以前まで抱いていた「…………価値（例）思いやり・友情など」に対する見方を（深め・広げ・もつ・考える～）ことができました。

教材名を入れないパターンでいくと…

道徳の授業で○○（内容項目や主題名）について考えました。始め□□（導入での考え）と考えていましたが、△△（発問や課題）を通して●●（子どもの発言やノートの記述から）であることに気づきました（●●という思いをもちました）。

○○（内容項目や主題名）に関する学習では、△△（発問や課題）を通して●●（子どもの発言やノートの記述から）であることに気づきました。◆◆（子どもの発言やノートの記述から）という思いをもちました。

授業中の発言や、ノート、ワークシートに書かれたその子なりの言葉を評価に入れてあげるとよいと思います。

評価は、子どもの姿を思い浮かべながら書くものです。文章を読む中でその子のよさが思い浮かび、ちょっと笑みがこぼれるものを目指したいものです。

本書の文例は、担任として受けもつ子どもの道徳ノートをもとにして作成していることから、ややつたない文章になったと感じるものもありますが、そのまま通知表に記入したものが多数あり、あえてそのまま文例にしています。

また教材名をあえてそのまま載せている文例もあります。各自治体の使用している教科書とは違うこともあろうかと思います。あくまでも参考になればと思い、教材名を載せました。道徳的価値は変わらないので、教材名があった方が各自治体の教科書に合ったものに置き換えやすいのではないかと思います。

前おきに書くなら…

○いつも教材にどっぷりと入り込んで、自分の経験と合わせながら考える姿が見られました。

○教材文の登場人物に自分を重ね、ねらいとする道徳的価値について新たな発見や気づきを感じながら、学習に参加していました。

○授業内において、新しく広げ深められた価値の世界に対して、自分はどう考え、どう評価するのかを問い続け、道徳的価値や人間としての生き方の自覚を深めることができました。

○道徳の時間に大切にしている「学び合い」を学級のみんなとともに進めながら、道徳的価値への理解が深められるように取り組んでいました。

○教材文を通して考えたことや感じたことを積極的に話したり書いたりし、ねらいとする道徳的価値について考えを深めることができました。

○登場人物を自分に置き換えて、ねらいとする道徳的価値を深く理解しています。相手のことを考えてとるべき行動を選び、友達と話し合うことで、より確かな考えとして深めることができました。

留意しておきたいこと

・〜していました。→「学習活動の様子」として伝わりやすいですが、子どもと保
　護者には悲しく映るかもしれません。

・〜できました。→「道徳性に係る成長の様子」ととらえられると思います。「〜
　していました」よりも、「〜できました」の方が読む側にとっては、うれしいと思
　われます。

・「知る」という言葉は、知識・理解のことを表すことが多いようです。道徳的で
　はないと思われます。よって「知る」よりも、「気づく」「分かる」の方が望まし
　い表現と言えるでしょう。「知る」「気づく」「分かる」は、意味の異なる言葉で
　すので、使い分けましょう。

・教師が意識して使っている「多面的・多角的…」は、保護者に伝わりづらい言
　葉です。かみくだいて、子どものよさが伝わる文面を目指しましょう。

ここからは内容項目ごとに、文例を示していきます。

特別の教科

道徳

A 主として自分自身に関すること

A-1 善悪の判断、自律、自由と責任

● 「サッカーの練習がしたいけれど、周りに小さい子がいるとできない」という自らの経験から、授業で学んだことを自分に置き換えた発言をすることができました。また、「コーンを周りに置こう」などと工夫して練習に取り組もうという思いをもつことができました。

● 「善悪の判断」について考えた授業では、自分がよかれと思ってとった行動でも、相手や周りにとってはよくないこともあるということに気づきました。自分の思いだけではなく、相手や周りのことを考えて判断していきたいという思いをもつことができました。

● 道徳の授業では、教材に出てくる主人公と自分とを重ね合わせながら考えました。自分も先のことを考えずに軽い気持ちで行ってしまったことがあることを振り返り、先のことを考えた行動をしていきたいという思いをもちました。

A-2 正直、誠実

● 「手品師」の学習では、男の子との約束を守る手品師から、誠実さを感じていました。しかし、そこまで夢の実現に努力してきたことを考えると、「自分なら簡単には夢を諦めることができない」という思いももちました。目標に対する努力という話合いから自分事としてとらえて考えることができました。

● 「正直・誠実」に関わる学習では、教材に出てくる主人公の「約束を守るか」「自分の夢を諦めないか」という葛藤について真剣に考え、「約束を守ることが夢の実現にもつながるんだ」という考えをもちました。誠実な生き方について自分なりに深く考えることができました。

A-3　節度、節制

● 「遅刻をすることで人を待たせて、迷惑をかけたことがある」という経験から、主人公と自分自身を重ね合わせて考えることができました。

● 「節度・節制」に関わる学習では、自分の好きなように生活をしているとものごとがうまくいかなくなる時があることに気づきました。自分の生活を見直していこうという思いをもちました。

A-4　個性の伸長

● よいところを伸ばすにはどうしたらいいだろうという話合いを通して考えを深め、改めて「ピアノが大好きだから、いつかはプロのピアニストになりたい」という強い思いを抱くことができました。

● 道徳の時間に「特徴を生かす」ことについて学習しました。特徴を生かすためには自分自身の長所と短所を知ることから始まるということに気づき、自分のよいところはもっと努力して、悪いところは直していきたいという思いをもちました。

A-5　希望と勇気、努力と強い意志

● 自分や周りの人の幸せのことを考えると、勇気がわいてきてもっとがんばろうという力に変わることに気づきました。笑顔いっぱいの未来にするために、今を精一杯がんばりたいという思いをもちました。

● 主人公がなぜ目標を達成できたのかをみんなで考えました。小さな努力が自信となることに気づき、「くじけそうになってもその自信が支えになる」という新しい発見をしました。自分も大きな目標をもって、日々努力していきたいという思いをもちました。

A-6　真理の探究

● 地球環境を保持していくことや、自動車技術の高まりを考えながら、よりよい

ものを目指していく過程には、先人や他者の考えから学び、新しい方法を取り入れることが必要だという考えをもつことができました。

B　主として人との関わりに関すること

B-7　親切、思いやり

●恥ずかしくて親切にできなかった自分の行動を振り返り、勇気を出して困っている人に対して親切にし、人の役に立ちたいと考えを広げていました。その後の様子では、「がんばって声をかけてみたよ」と教師に伝えるなど、少し自信をもつことができるようになりました。

●「親切と思いやり」について話し合い、親切とは、思いやりに行動がともなった時だという発言が、皆の共感を得ていました。もし、休み時間の運動場で小さい子が転んでいたら、「保健室にいっしょに行こうよ」と声をかけたいという思いをもつことができました。

●教材の中で誰が一番親切なのかを考えました。それぞれが相手の気持ちを理解して自分にできることをやったのだから、全員親切であるとまとめていました。困っている人に対して、自分にできる親切をしていこうという思いをもちました。

B-8　感謝

●おじいさんやおばあさんは、長い間働き続け、家族を支えながら社会を築いてきた人であると改めて感じ、生活の知恵などをいくつももっているから大切にしたいという思いをもつことができました。

●地域の人々は、私たちの成長を願い、仕事ではないのにボランティアで自主的に支えてくれていることに改めて気づき、「せめてあいさつはしっかりとしたい」という思いをもつことができました。

●道徳で、「感謝」について考えました。教材に出てくる主人公がなぜ「ありがとう」と言ったのかを考えることを通して、たくさんの人の支えの中で生かされている自分がいることに気づきました。自分の周りにはたくさん「ありがとう」を伝えたい人がいるから、もっと素直に感謝を伝えていきたいという思いをもちました。

●自分たちの生活は多くの人々に支えられているということに気づきました。その多くの人々にありがとうの気持ちを伝えるだけでなく、自分もその人たちのために行動していきたいという思いをもちました。

B-9　礼儀

●今まであいさつを面倒くさいと感じていた自分を振り返り、互いにおだやかな気持ちをもたらすというあいさつのよさに気づきました。「時と場、相手によって使い分けられるようになる」と具体的な目標を定めることができました。

●「礼儀」に関わる学習では、教材に出てくる登場人物は礼儀正しいと言えるのかについて考えました。「相手のことを思って行う行動は、礼儀正しいと思う」と発言し、礼儀とは目に見える行動の正しさだけではなく、相手を思う心と行動が一緒にならないと礼儀正しいとは言えないと、自分なりの考えをまとめることができました。

B-10　友情、信頼

●「みんなの組体操」では、グループでの話合いなど、友達の話を聞いて、自分の考えを深めていました。「信頼は助けることだと思っていたけど、今日の学習で、目標達成のために男女関係なく心を1つにして協力し合うことが大切だと分かった」と道徳ノートに書くことができました。

●「ミレーとルソー」を読んで友情について考えました。お互いに相手の思いを理解して信頼し合うことが大切であると、ノートにまとめていました。また、「自分も信頼し合える友達をもっとつくりたい」という思いをもちました。

B-11　相互理解、寛容

●「ブランコ乗りとピエロ」の学習では、登場人物を客観的に見る中で自分とは異なる見方や考え方があることを理解し、互いに分かり合おうとする謙虚な姿勢が大切だという発言が見られ、皆の共感を得ることができました。

●道徳で「広い心」とはどんな心なのかについて考えました。友達の意見を参考に、「まずは相手のことを知ること、そして自分とは違うことがあると認めることが広い心である」と自分なりの言葉でまとめることができました。

C　主として集団や社会との関わりに関すること

C-12　規則の尊重

●約束やきまりがあるから守るのではなく、「ないからこそ守ろう」という考えに発展する発言があり、みんなの共感を得ることができました。

●道徳で、マナーについて考えました。山、川、海などにはしっかりとしたきまりはないけれど、人のこと、自然のことを考えて行動しなければならいことに気づきました。また、山、川、海だけでなく、身近な学校や公園にもたくさんマナーがあることにも気づき、守っていきたいという意欲をもつことができました。

C-13　公正、公平、社会正義

●「お別れサッカー大会」の学習では、公正・公平について考えました。正しいことを主張することに対する葛藤など、経験を交えた発言から、議論を深めていくことができました。

●「ガンジーのいかり」の学習では、「ガンジーを動かしたものは何だろう」と考えを深めていく中で、安定した生活を捨て、異国での戦いを決意した心の素晴らしさを感じることができました。

●病気を抱えた主人公の生き方についてみんなで考えました。「差別や偏見は
その人を正しく理解していないことから始まる」と発言するなど、公正・公平に
ついて真剣に考えました。授業後には「みんな同じということを忘れず、すべ
ての人に思いやりの心をもっていたい」という思いをもちました。

C-14　勤労、公共の精神

●社会や公共の中で「今の自分にできることは何だろう」ということについて考え
を広げることができました。

●「母の仕事」の学習では、「もしもこの仕事をロボットがやってくれたら、母の
喜びはどちらが大きいか?」という問いから議論が白熱し、積極的に話合いに
参加していました。「仕事の喜びの1つに心の交流がある」ということに気づき、
「家族に聞いてみたい」とノートに記入するなど、意欲的に向き合うことができ
ました。

●道徳で「働く」ことについて考えました。みんなのために働こうとすることが自
分の成長にもつながることに気づきました。高学年として地域や社会のために
役立つことをしたいという思いを発言しました。

C-15　家族愛、家庭生活の充実

●道徳で「家族」について考えました。今まで家族のみんなが自分へたくさんの愛
情を寄せてくれていたことに気づき、家族がいるから今の自分がいると実感して
いました。また、家族のために役に立つことをしたいという思いをもちました。

●「家族」について考えました。教材に出てくる主人公と自分を重ねながら考え、
親がいるから今があることを実感していました。また、家族に感謝する気持ち
をもつことができました。

C-16　よりよい学校生活、集団生活の充実

●「みんなの劇」の学習では、「ぼくのクラスは『支え合うクラス』だろうか」という

テーマから自分の考えを広げていました。「自分は支え合えているのか」と行為や心の面から自己に問い続ける姿勢が見られ、より深く考えることができました。

●友達と互いに関わり合う中でともに成長した経験を話し合い、体育のボール運動のことを振り返っていました。「優勝できたのは、みんなのお陰だ」と改めて喜びを感じることができました。

●「よりよい学校生活」に関わる学習では、自分の経験と照らし合わせながら考えることができました。高学年として何ができるのか、自分の役割について見つめ直す姿が見られました。

C-17　伝統と文化の尊重、国や郷土を愛する態度

●「大文字」の学習では、教材文から地域の行事について考え、地蔵盆などの伝統行事のために身近な人たちが苦労しながら取り組んでいることを知り、伝統を守り続ける人たちの思いを感じていました。「ぼくたちが大人になったら、地蔵盆の準備をがんばります」と学習を振り返り、自分たちが受け継ごうという意欲を高めることができました。

●「人間をつくる道─剣道─」の学習では、日本人が大切にしてきた「礼」の素晴らしさに改めて気づき、「勝負は2つある。礼でも勝つ」と自身ががんばっているサッカーでも取り入れてみようという思いをもつことができました。

●日本のよさについて考えました。自然や伝統・文化、食べ物など、日本には昔から築き上げてきた素晴らしい「もの・こと」があることに気づきました。またそれらは今までの人たちが大切につくってきたことだと知り、自分も未来に残していけるようにしたいと意欲を高めていました。

C-18　国際理解、国際親善

※中・高学年は、有形＋無形なものに焦点を当てます。違いを正しく理解し、人間としての調和のある心を共通してもつ点を理解することが大切です。

●他国の文化の素晴らしさに気づくとともに、日本との価値観の違いを感じ取る

中で「まずは自分の国のことをしっかりと学びたい」という思いをもつことができました。

●「国際親善」に関わる学習では、国際化の中でどのように他国の人々と関わっていくとよいかについて考えました。「まずはそれぞれの国の文化を知ることが大切だ」と発言するなど、自分から積極的に理解し合っていこうとするよさについて考えることができました。

D　主として生命や自然、崇高なものとの関わりに関すること

D−19　生命の尊さ

●「マザー・テレサ」の学習では、マザーテレサの行為は、失われそうな命を救いたいという心から生まれていると考えましたが、それだけではなく、自分の命が人の役に立つ喜びや使命感なども支えになっていることに気づくことができました。

●道徳の学習で、命の大切さについて考えました。どんな人でも命の重さは同じであることを知り、自分の命も相手の命も大切にしていきたいという思いをもちました。また、もらった命を大切に力いっぱい生きたいという思いももちました。

D−20　自然愛護　※中・高学年は、すべての自然が対象となります。

●道徳で、「自然を守る」ことについて考えました。高山植物は普通の植物とは違って長い年月をかけて少しずつ成長していることを知り、「壊すことは簡単だけど、元に戻すことは難しい」ということに気づきました。授業の振り返りには、「小さな植物も大切にしていきたい」という思いを書いていました。

D−21　感動、畏敬の念

●「百一才の富士」の学習では、奥村土牛の生き方を見つめ、思いや考えを交

流することで、諦めない心や追い求める姿勢は大切だという気持ちをもつことができました。また「諦めてしまうとつまらない生き方になる」と、これからの生き方に生かそうする意欲をもつことができました。

D-22　よりよく生きる喜び

●人間は弱さを認めた上で、人間には高みを目指そうとする力があるということを知り、その人の素晴らしさに感動し、自分もそうなりたいという強い思いをもつことができました。

これはやめよう！　NGワード

△「〜に感じました」
　→指導者の感想、本当にその子がそうなったかは分からないため。
△「努力する気持ちを大切にしてください」
　→指導者の期待であり、その子の成長を見取ったとは言えません。

その後の成長の様子を追いかけて、所見として記述することも大切

○道徳的価値について自分との関わりで考えることができるようになりました。
○自らを振り返り、成長を実感できるようになりました。
○これからの課題や目標を見つけることができました。
○掃除の時間では、「一生懸命働くことの大切さ」で学んだことを生かしながら、「掃除はなぜ必要なのか」を下学年に伝えながら活動することができました。

※道徳の授業でない部分は、「行動の記録」に書くことになります。

V章

総合的な学習の時間
〈子どもの様子別〉

総合的な学習の時間
〈子どもの様子別〉

指導要録の観点とその趣旨	
観点	趣旨
❶知識・技能	●探究的な学習の過程において、課題の解決に必要な知識や技能を身につけ、課題に関わる概念を形成し、探究的な学習のよさを理解している。
❷思考・判断・表現	●実社会や実生活の中から問いを見いだし、自分で課題を立て、情報を集め、整理・分析して、まとめ・表現している。
❸主体的に学習に取り組む態度	●探究的な学習に主体的・協働的に取り組もうとしているとともに、互いのよさを生かしながら、積極的に社会に参画しようとしている。

1 課題設定の能力

課題設定の場面で自らのアイデアを積極的に発言した子

環境保護の資料をもとに、自分の生活経験や知識を生かして、課題づくりを積極的に行いました。

クラスで取り組む『総合学習』をどうするか。その話合いの席で、事前に用意してきたアイデアを多く発表し、みんなから感謝されました。

様々なアイデアを聞きながら、よりよいものにしていこうと考えた子

学級全体で行った「クリーン作戦」の友達の情報や考えを聞き、グループの学習課題をよりよいものにしようと発言していました。

友達から出された意見をただ聞いているのではなく、近い考えをグループにしていきながら、可能性を探る姿は頼もしいものでした。

友達の考えを聞きながら自分なりの課題を設定した子

国際理解について、グループ内で何度も話合いをもち、友達のアイデアを聞いていくつかあった自分の課題を1つにしぼれました。

自分は今何をすべきかを考え、友達とは違った視点をもって、活動の可能性を探り、積極的に動き出そうとしていました。

提示された課題の中から自分の考えで課題を選択できた子

郷土の歴史のテーマについて学級で話し合い、いくつかの課題を見つけました。その中から自分の興味・関心と照らし合わせ中心課題を選ぶことができました。

「自分はどうしてその課題を選んだのか」を友達に語り、クラスの方向性を決めることができました。

他者のアドバイスで自分なりの課題を設定した子

福祉に関する○○○のテーマの課題づくりに時間がかかりましたが、□□先生から資料を見せてもらい、友達からアドバイスをしてもらって点字に関わる課題をつくれました。

慎重に友達の意見などを聞きながら、課題を見つけることができました。そこからの丁寧な活動に感心しました。

2 課題解決の能力

課題に対して継続的に調査などの活動をした子

毎日出るごみの量や種類を継続的に調べたり、環境センターに出かけていって職員の人から話を聞いたりして、自分の課題を追究することができました。

「映画をつくるためにはどうしたらよいのか」について考え、事前に図書館やインターネットで調べ、クラスのために活躍しました。

調査したことなどを意欲的にまとめた子

自分自身の課題の解決のために調べたことを、そのつど学習カードに整理して書き入れたことで、発表のために模造紙にまとめることができました。

ロケ地として映画に入れる醤油屋に取材を申し込み、インタビューやカメラで撮影をして、仲間に発表しました。

課題解決の道筋を考え、実行した子

課題解決のために図書館に行って資料を集めたり、館員の人からアドバイスをもらったりして、調べるための手順を考えて実行していました。

仲間の動きが停滞した時、スタッフごとにもう一度役割を再確認することを提案し、それぞれの問題意識を明確にすることができました。

調査活動に工夫が見られた子

インタビューに出かける時に、まとめの段階のことを考え、事前に質問事項を整理したり、デジタルカメラや録音機を用意したりするなどの工夫が見られました。

取材・交渉スタッフとして、関係者に事前に手紙を送ったり、何度も足を運んで交渉したりするなど、その活躍は素晴らしいものでした。

友達と協力しながら調査活動を行った子

課題解決のために、グループの友達と役割分担を決めて学習できました。地域の人のインタビューの時には丁寧にメモを取っていました。

映画のワンシーンに取り込むための風景を仲間とともに探し、素敵なアングルの写真を撮ってくることができました。

3 情報処理・活用の能力

様々な方法で情報を集めた子

宇宙について興味をもったことを進んで調べていました。図書室の本やインターネットの資料だけでなく、実際に月の写真をデジタルカメラで撮ったり、博物館の見学に行ったりして情報を集めることができました。

コンピュータや新聞、パンフレット、図書などを使い、環境についての情報を集めました。情報を収集する力が身についてきています。

課題に合った情報を集めようとした子

○○について自分が調べて納得できなかったことや疑問に思ったことを、電話で問い合わせたり、専門の先生に聞いたりしました。自分が知りたい情報をどうしたら得られるかを考えながら活動していました。

○○を調べるため、コンピュータを使ったり、地域の人から話を聞いたりして情報を集め、確実に調べることができるようになりました。

集めた情報から課題に合った情報を選択した子

インターネットや図書室の本を使って○○について調べていますが、1つの資料で満足することなく、いつもいくつかの資料で確かめています。たくさんの情報の中から自分の課題に合った情報を取捨選択する力がついてきています。

地域の歴史を調べるため、地域の人に話を聞いたり、図書館で調べたりして集めた情報を活用し、課題を解決することができました。

情報の必要な部分を選び、分かりやすくまとめた子

○○について調べたことをホームページにしました。ホームページには調べたことをそのまま全部のせても読む人に分かりにくいと気づき、のせる内容を精選し、項目を立てながらまとめることができました。

古代エジプト文化を調べ、自分がテーマとしている古代エジプト語について選び出し、表に詳しくまとめて表現することができました。

友達と情報を交換し合い、活用しようとした子

宿泊体験学習では、電車の時刻表を調べたり行き先の情報を集めたりして活動計画を立てました。他のグループと情報交換しながら効率よく作業を進めることができました。

焼き物をつくるための粘土について調べたり、友達が調べたことを参考に自分のノートをつくり、実際の場面で生かすことができました。

4 コミュニケーション能力

様々な人と関わりながら課題を解決しようとした子

高齢者疑似体験でお年寄りの方の不便さ不自由さについて実感し、体験ボランティアの方や自分の家族へのインタビューを通して、自分なりの考えをもつことができました。

福祉について、地域の様子や市役所の役割など、多くの人々から取材し、足りない設備などについて地図上に書き入れることができました。

友達と話合いをしながら課題を解決しようとした子

○○の童話を劇にした時には演出の係になり、同じ係の友達と相談をしながら活動していました。主役の動きなどで悩んだこともありましたが、「一緒に考えよう」とクラスのみんなに投げかけながら解決しようと努めました。

ホタルの水路をつくるため、深さや水の量、土の柔らかさなど、調べたことを友達に示し、何が1番よいかを考え合って水路をつくることができました。

自分の思いや考え、疑問などを友達に伝えようとした子

学校のコマーシャルを制作しました。自分たちの学校の特徴は何なのか進んで意見を発表しました。クラスの友達の意見もよく聞いていて、それについての自分の考えも伝えることができました。

○○をつくるため、自分が考えたことや調べたことをクラス全体に伝え、友達の考えなどを参考にし、疑問を解決することができました。

ゲストティーチャーの先生と一緒にパソコンを使ってデジタル絵本づくりに挑戦しました。自分のイラストをパソコンに取り込めたと喜んでいました。交流が終わった後も進んでお礼の手紙を書いていました。

○○について、ゲストティーチャーの方に進んで質問、課題を解決するとともに、その後も定期的に交流を重ね、学びを深めることができました。

他学年の人たちに思いや考え、調べたことを分かりやすく伝えようとした子

「世界の国々の主食」について調べました。馴染みのない言葉に解説をつけるなど、工夫してまとめていました。伝えたい相手を意識しながら自分が調べたことを表現できました。

ミュージカルの公演のため、ポスターづくりや放送で公演日を伝えたり、チラシをつくって宣伝活動を行ったりするなど、努力することができました。

5 学び方・考え方

課題解決の仕方をいろいろと考えながら、よりよい解決方法にたどり着いた子

「わが町再発見」では、町のよいところについて調べる方法として、インターネットだけでなく、様々な立場の人の意見を聞くことができ、よりよい解決方法を見つけ出すことができました。

1つの問題をじっくりと予想を立て、その予想を検証するための解決方法を考え実行することができました。このことはこれからの生き方につながるものでした。

提示された方法や友達の考えなどを参考にして課題解決を行った子

「世界の仲間たち」では、調べる方法を教師や友達のアドバイスを参考にして決めることができました。

友達の意見や考えを取り入れながら、課題解決へ向けて積極的に取り組むことができました。

他の人の考えを受け入れながら
自分の考えを広げたり、深めたりした子

「自分らしく生きる世界」では、調べたことを発信する方法として、友達と相談しながら効果的な方法を見つけ出すことができました。さらに、そのことを通して○○さん自身の考えも広がりました。

分からないことは先生に質問をしたり、自分と同じ考えであったら賛同したりしながら友達の意見を聞き、自分の考えを深めていくことができました。

自分なりの考えをもち、課題解決に取り組んだ子

「ホタルの棲む町」では、ホタルのエサになるカワニナが棲めるような環境は、どのような環境か、本で調べたり、実際に中庭のビオトープに入ったりして、条件をいくつも見つけ出すことができました。

自分の考えが具体的で根拠があるため、自信をもって課題解決に取り組むことができました。

振り返りをもとに次の活動への見通しや意欲をもてた子

「古代米を育てよう」では、古代の環境について調べ、現代においてもそのような環境を守るためにはどうしたらよいかを考え、環境を守る活動につなげていくことができました。

総合的な学習の時間の学習の終わりに、必ず自分たちのグループの取組について反省をすることができました。次回のグループ学習にそれを生かすことで、確実な進展を生みました。

6 自己の生き方

振り返りから自分の考えや自分らしさに気づいた子

「異文化理解」のポスターセッションを通して、みんなの前できちんと話せたことが自信につながったようです。

グループの仲間に支えられながら、自分の得意なことを見つけ自信をもって様々なことに取り組めるようになりました。

自分や自分の周りにある 「人、もの、こと」との関わりの価値に気づいた子

「みんなの地球」で調べたことを通して、身近な環境が自分たちの手によって壊されもし、守られもすることに気づくことができました。

地域の人々とのふれ合いを大切にする学習を通して、自分の生活している地域やそこに住む人々と自分との関わりについて深く考えることができました。

学習を通して考え方や行動に変容が見えた子

「わが町再発見」では、当たり前のように目にしていたあじさいが、町の人の努力によって守られていることを知り、「大切にしていこう」という意欲が見られました。

学習が始まった頃は、戦争の結果に関することに興味をもっていたのですが、

学習が進むにつれ、「戦争を始めてはいけない」という意識が芽生え始め、学習を深めました。

自分と異なる立場の人の生き方などから、自分の生き方を振り返ることができた子

「地域に伝わる伝統」では、ボランティアの人たちの活動を知ることで、少しでも自分にできることは何かを考え、それを実行しようとする姿が見られるようになりました。

戦争体験者の話を聞き、戦争に対しての自分なりの意見をもち、「自分がこれから、どうしていかなければならないか」ということを考えることができました。

協力して活動したことを通して、互いに支え、支えられていることに気づいた子

「わが町再発見」では、役場の人が町の人の意見を聞きながら、よりよい町づくりに努めていることに気づくことができました。自分たちが地域に支えられていることに気づいたようです。

グループで活動を重ねていくにつれ、自分1人ではできないこともグループの仲間と協力して行えばできることに気づくことができました。○○さんの協力的な態度はみんなの手本となりました。

VI 章

特別活動
〈子どもの様子別〉

特別活動〈子どもの様子別〉

指導要録の観点とその趣旨	
観点	趣旨
❶知識・技能	●多様な他者と協働する様々な集団活動の意義や、活動を行う上で必要となることについて理解している。 ●自己の生活の充実・向上や自分らしい生き方の実現に必要となることについて理解している。 ●よりよい生活を築くための話合い活動の進め方、合意形成の図り方などの技能を身につけている。
❷思考・判断・表現	●所属する様々な集団や自己の生活の充実・向上のため、問題を発見し、解決方法について考え、話し合い、合意形成を図ったり、意思決定をしたりして実践している。
❸主体的に学習に取り組む態度	●生活や社会、人間関係をよりよく築くために、自主的に自己の役割や責任を果たし、多様な他者と協働して実践しようとしている。 ●主体的に自己の生き方についての考えを深め、自己実現を図ろうとしている。

1 学級活動

話合いの場面で自分の意見をしっかりもって参加していた子

よりよいクラスにするにはどうしたらよいか話し合う場面では、相手の意見を尊重し、クラス全体のことを考えて発言する姿が多く見られました。

1学期の生活目標について話し合った時に、友達の意見に耳を傾けて聞き、発言の理由や根拠に理解を示しながら、自分の考えを分かりやすく伝えることができました。

係の活動を工夫して楽しくできる子

音楽係の活動に対して熱心に取り組むことができました。朝の歌を何にするかクラスのみんなにアンケートをとって小黒板で知らせ、工夫しながら活動する姿が印象的でした。

新聞づくりを通して、自分たちの係活動を報告したり、他の係や委員会活動の様子を伝えたりできました。友達と楽しそうに協力して紙面を工夫する姿は、多くの友達のやる気を高めることにつながりました。

自分の係以外のことでも、
困っている友達がいたら進んで手伝っている子

朝の係活動の時間には、自分の係の仕事が終わると進んで他の係の仕事を手伝っていました。「何か手伝うことはある?」と友達に声をかけて、自分から取り組める○○さんの態度はクラスの手本となりました。

図画工作科や家庭科の片づけの時に進んで掃除をしたり、教科の配布物が多い時に係の友達を手伝ったりする姿をよく見かけました。自分から積極的にクラスのみんなのために働くことができるので、友達から信頼されています。

学級の集会で進んで係の仕事をし、次々とアイデアを出している子

集会係としてロング昼休みのクラス集会の企画運営をしました。みんながやりたい遊びについてアンケートを取ったり、遊び方の確認をしたりするなど、よく考えて活動できました。多くの友達が楽しめるように、新しい遊びのルールの提案もできました。

全校仲よし集会のためのクラスの話合いでは、ゲームの企画を考えて提案しました。当日は、みんなが楽しくなるような宝探しゲームやビンゴゲームなどを工夫して行い、てきぱきと働く姿にすがすがしさを感じました。

特別活動

学級の集会で友達と協力して活動し、楽しい雰囲気をつくった子

集会を明るく盛り上げる○○さんはクラスのムードメーカーです。ボールの準備や片づけなど、係の友達を手伝い、集会がスムーズにいくように声をかけて協力できました。

明るく元気な性格でクラスの友達から慕われています。長縄大会の練習の時に、いつもクラスの中心となって練習の場を盛り上げていたので、みんなで楽しく長縄を跳ぶことができました。

委員会活動や朝会での話題を学級の取組に生かそうとした子

「噛むことの大切さ」について給食委員会で学んだことを、資料を使ってとても分かりやすくクラスの友達に伝えられました。そのために、給食の時間によく噛んで食べる取組を、みんなで進めるきっかけになりました。

朝会では、掃除についての話をしっかりと聞き、働くことの意義を「学びのノート」に自らの体験を踏まえて書くことができました。見通しを立てたり、振り返ったりすることの大切さについて気づき、実際の掃除の場面に生かすことができて素晴らしかったです。

2 児童会活動

下学年の友達にやさしく声をかけ、一緒に活動できる子

初めて委員会に入ってきた5年生に対して、やさしく声をかけ、○○の仕事のやり方が分かるまで何度も付き添って教える姿が見られ、5年生と協力しながら活動できました。

登校時に下級生の面倒をよく見て安全に登校できるように気を配ったり、朝の時

間に1年生の教室に行って、折り紙を折ったり紙芝居を読んだりしたために、下級生や1年生からとても慕われています。

代表委員会の議題について、全校のことを考えて意見を言うことができる子

代表委員会で○○について話し合っている時、積極的に発言をする姿がよく見られました。学校全体のことを考える頼もしいリーダーとして成長しています。

全校のみんなであいさつし合うことの大切さについて、代表委員会で進んで発言できました。あいさつは、お互いが仲よく協力するために必要だという○○さんの考えが素晴らしいと思います。

集会活動では、異学年の友達のことをよく考えて活動できる子

「なかよし集会」では、みんなが楽しく参加できるように、上級生の手伝いを積極的にしている場面をよく見かけました。全校児童が楽しめるように心配りができる○○さんに、グループの友達からの信頼が集まっています。

「1年生を迎える会」では、学校クイズの企画を担当しました。6年生の助言をよく聞いて、工夫して問題を考え、分かりやすく出題できたために、全校児童が生き生きと楽しく活動することができました。

学校保健委員会では、睡眠や運動の大切さについて、保健委員会の友達と協力しながら資料を使って説明したり、劇にして発表したりできました。出席している児童や保護者にとても分かりやすく伝えることができました。

学校行事の計画の一部を担当し、運営に協力できた子

給食週間の朝会では、献立に地場産の食材を使う目的や、調理員さんの苦労や願いについて分かりやすく伝えられたので、全校児童が手づくりの給食の意義について振り返り、感謝の気持ちをもつことができました。

特別活動

> ○○委員会の一員として、意欲と責任をもって活動している子

図書委員として、調べる学習コーナーの本の展示や紹介を熱心に行うことができました。当番の仕事のやり方を5年生に教えたり、学校図書館に来た1年生に本の探し方を丁寧に教えたりしていました。仕事へ取り組む様子から、最上級生としての自覚を感じました。

環境・美化委員として紙ゴミの分別収集や、黒板消しクリーナーの清掃などを、学校を支える仕事として友達と協力しながら丁寧に行っていました。みんなが気持ちよく生活できるように自ら考え、進んで仕事をする姿に高学年としての心の成長を感じました。

3 クラブ活動

> 主体的に活動したり、意欲的に活動したりしている子

イラストクラブで、自分の好きなイラストやオリジナルのキャラクターをとても上手にかいていました。作品を展示コーナーに飾り、その出来栄えを友達から称賛されました。

囲碁・将棋クラブでは、異学年の友達と対局を楽しむことができました。勝つために本を読んだり、詰将棋をしたりして駒の置き方や動かし方のコツを覚え、意欲的に活動することができました。

> 他学年の児童と協力し、工夫して活動することができる子

料理クラブに所属し、グループ内の下級生と協力しながら、献立や手順などの計画を工夫して立て、楽しく調理ができるよう活動していました。

バスケットボールクラブでは、下級生にやさしくルールを教える姿を見かけました。

また、みんなが楽しく工夫してゲームができるように声をかける姿が印象的でした。

クラブ活動の準備を進んで行ったり、下級生の面倒を見たりして活動している子

クラブ活動では、担当の先生に活動の詳細や持ち物などを尋ねて部員に連絡したり、活動中に下級生にやり方を丁寧に教えたりするなど上級生として責任をもち、下級生の面倒をよく見て活動することができました。

高学年として、活動に必要な準備をしたり、下級生に分からないことを教えてあげたりして、科学クラブの活動が楽しく協力して行えるように心がけていました。

クラブ発表会では、普段の練習の成果を十分に発揮することができた子

ダンスクラブの発表では、継続して練習してきた成果を発揮して、堂々とした演技を見せることができました。友達と考えた振り付けの素晴らしさに多くの児童から称賛の拍手がわきました。

音楽クラブの発表会では、同学年の友達と協力して練習し、美しい合奏を発表することができました。練習の時も発表の時も、下級生の面倒を見ながら活動している姿が印象に残りました。

クラブ発表でよい意見を出し、積極的に活動した子

クラブ発表では、発表の仕方についてよいアイデアをたくさん出し、グループの友達と協力しながら練習し、積極的に取り組むことができて素晴らしかったです。

クラブ発表では、3年生に○○クラブの活動内容や楽しいところを分かりやすく説明できました。上級生として1年間経験したことや、○○クラブのよいところを具体的に話せ、○○さんの成長を感じました。

特別活動

4 学校行事

入学式では6年生代表としてがんばった子

学校の代表として、堂々と「お迎えの言葉」を言うことができました。落ち着いた態度で、新1年生に語りかけるように話す姿は、6年生としての自信に満ち溢れていました。

入学式の時には、6年生の代表として学校生活の楽しい行事などを盛り込んだ作文を、温かく迎える気持ちを込めて語りかけるように読み上げることができました。

1年生を迎えるための準備や練習に積極的に参加できた子

新入生を迎えるために、学年で計画した歌や呼びかけの練習に積極的に参加できました。入学式では、「○○の歌」を美しい声で歌い、呼びかけの自分のパートをはっきりした声で言うことができて6年生としての自覚を感じました。

友達と協力しながら新1年生の教室をきれいに掃除したり飾りつけをしたりできました。入学式後の1年生を迎える会では、1年生の手を引いて入場し、相手の子にやさしく語りかけながら笑顔で座席まで案内する姿に上級生としての思いやりを感じました。

遠足では、意欲的に取り組み、その成果を十分に発揮することができた子

遠足の実行委員となり、休み時間に何度も「朝の会・帰りの会」の司会や進行の練習を友達と協力しながら行いました。当日は、はじめの言葉やめあての発表などを落ち着いてとても分かりやすく伝えることができました。

遠足の班行動の計画をグループの友達とよく話し合って決め、遠足当日は班のリーダーとしてみんなに声をかけながら楽しそうに見学できました。遠足後の新聞

づくりでは、見学したことをもとに班の人のアイデアを生かし、工夫した紙面づくりができました。

学習発表会では、友達と協力して楽しく発表することができた子

学習発表会では、防災やボランティアについて調べたことや体験したことを友達と協力しながら展示物やクイズにしてまとめ、楽しそうに発表できました。

クラスで合唱を発表するために、パートごとに分かれ、友達と協力しながら美しい声を出そうと練習に励んでいました。当日は、表情豊かにとてものびのびと歌うことができ、心に残る学習発表会になりました。

宿泊学習・修学旅行で協力しながら主体的に活動できた子

宿泊学習では、クラスの実行委員として、プログラムの内容や進行について何度も話し合い、友達と協力して準備を進めたので、とても楽しいキャンプファイヤーができました。

修学旅行では、事前学習で○○の歴史について主体的に調べ、友達と協力しながら見どころの紹介ができました。グループで見学した際は、事前学習で学んだことを生かし、班の友達と声をかけ合いながら楽しそうに見学する姿が印象的でした。

運動会では意欲的に取り組み、自分の力を発揮している子

運動会の「マスゲーム」では、手足を十分に伸ばし、静と動の対比が美しく、友達と協力して素晴らしい演技ができました。一生懸命に練習に取り組んだ成果を十分に発揮することができました。

運動会の「応援合戦」では、応援のリーダーとして大きな声で応援をし、お互いのチームの健闘をたたえていました。そのすがすがしい表情がとても印象的でした。

特別活動

執筆者紹介

［編集責任］

二宮龍也　　　元・神奈川県小田原市立大窪小学校／詩人／「未来の子どもを育む会」代表

府川　孝　　　元・神奈川県小田原市立東富水小学校／国語教育研究会「こゆるぎ会」会長

小菅克己　　　元・神奈川県小田原市立報徳小学校／「全国国語授業研究会」顧問

［執筆者］（五十音順）

神谷啓之　　　神奈川県小田原市立東富水小学校

川上美穂　　　神奈川県厚木市立三田小学校

北村ひかり　　神奈川県小田原市立三の丸小学校

久保寺桃子　　神奈川県小田原市立久野小学校

釼持ゆか　　　神奈川県小田原市立新玉小学校

近藤基子　　　神奈川県小田原市立報徳小学校

里見由紀　　　神奈川県湯河原町立湯河原小学校

柴田典子　　　神奈川県小田原市立三の丸小学校

竹内雅己　　　神奈川県小田原市立豊川小学校

田中　潤　　　神奈川県相模原市立上溝南小学校

田中琢世　　　神奈川県小田原市立芦子小学校

田中　靖　　　神奈川県小田原市立酒匂小学校

垂水宏昌　　　神奈川県小田原市立三の丸小学校

津田和彦　　　神奈川県大井町立大井小学校

鶴井絵里　　　静岡県小山町立足柄小学校

永井直樹　　　神奈川県座間市立旭小学校

長山あかね　　神奈川県小田原市立三の丸小学校

野田あらた　　神奈川県真鶴町立まなづる小学校

星嵜優子　　　神奈川県小田原市立豊川小学校

峰　裕文　　　神奈川県小田原市立東富水小学校

宮川由大　　　神奈川県小田原市立芦子小学校

宮田泰範　　　神奈川県小田原市立国府津小学校

物部典彦　　　神奈川県小田原市立報徳小学校

府川奈央　　　神奈川県秦野市立渋沢小学校

和田大輔　　　神奈川県小田原市立富水小学校

※所属は令和2年6月現在

[編集協力]
株式会社ナイスク　http://naisg.com
松尾里央／岸 正章／大島伸子／内海舜資

[装丁]
中濱健治

[本文デザイン]
株式会社キガミッツ　http://kiga3.jp
森田恭行／森田 龍／高木瑤子

[イラスト]
おおたきまりな

小学校高学年　子どもの学びが深まる・広がる

通知表所見文例集

2020（令和2）年 7月22日　初版第1刷発行
2024（令和6）年 6月21日　初版第4刷発行

著　者───評価実践研究会

発行者───錦織圭之介

発行所───株式会社 東洋館出版社

〒101-0054　東京都千代田区神田錦町2丁目9番1号
コンフォール安田ビル2階

代　表　TEL：03-6778-4343
　　　　FAX：03-5281-8091
営業部　TEL：03-6778-7278
　　　　FAX：03-5281-8092
振　替　00180-7-96823
U R L　https://www.toyokan.co.jp

印刷・製本─藤原印刷株式会社

ISBN978-4-491-04108-7　Printed in Japan